우리
밝은 쪽으로
걷자

우리
밝은 쪽으로
걷자

윤두열

일레븐

추천의 글

나에게 윤두열 작가는 꿈의 상징이다. 그가 지느러미로 호흡할 때마다 꿈이 펄럭거려서다. 그는 저 멀리 세워둔 꿈도, 하나하나 일렬횡대로 차려놓은 꿈들까지도 스매싱으로 감아 내려친다. 게다가 수많은 장작을 가지고 있어서 꿈의 아궁이에 바람이 조금만 닿아도 활활 타오르게끔 늘 불꽃을 살려둔 채로 산다. 그는 또 역시나 지도를 여러 장 가지고 있는데 '좋아하는 것―사랑하는 것―아름다운 것'들의 변천사가 그 지도 위에 고스란히 표시되어 있다. 이쯤이면 행복이 그를 호위하고 있는 이유를 알겠다.

윤두열 작가는 《우리 밝은 쪽으로 걷자》를 통해 세상의 조각조각들을 사랑으로 스캔하고 사랑으로 발화시킨다. 그의 '시선'과 '가슴'의 재능이 물컹하게 만져진다. 이제 사랑의 힘이 그에게 신념이 되었으니 사랑의 전능으로 만능에 도달할 것이다.

언제나 시작 중이며 또 언제나 그렇듯 진행 중인 그의 꿈들은 그 자체만으로 우리에게 강력한 위로가 아닐 수 없다. 이 책을 읽고 덮으며 그의 태도를 따라 나도 이렇게 외쳐본다. "그러니 꿈을 장전하세요." 그동안 우리에겐 그런 용기 어린 메시지가 간절했다.

이병률(시인)

차례

제1장 날마다 새로운 이름으로 사는 사람

낯선 세상으로의 초대 1 · 013
낯선 세상으로의 초대 2 · 017
날마다 새로운 이름으로 · 020
아이들의 얼굴 · 022
우리 밝은 쪽으로 걷자 · 026
인생, 여행 · 028
시간을 거스르려다 실패한 사람처럼 · 030
아름다운 실수 · 032
버티고 견뎌낸 너에게 · 033
나마스테 · 034

하루 끝에서 · 038
어떤 풍경은 사람을 부른다 · 039
봄바람 · 046
기꺼이 기쁨으로 달려갈 수 있는 사람 · 047
겉도는 중입니다 · 051
우리는 우리가 빛나는 줄도 모르고 · 052
해달분식 · 053
길을 걷다 떠올린 문장들 · 056
조용한 배려 · 057
지금 여기 이 순간 · 059
세상에서 가장 긴 여행 · 060
사랑이 있다 · 063
다시 떠나는 이유 · 064

제2장 꽃은 세상 모든 일에 관여한다

매일 지고도 다시 피어나는 꽃처럼 · 069
무지개를 두 번 본 사람 · 074
빛 · 076
무한하고 유한한 · 078
당신의 편 · 079
꽃은 세상 모든 일에 관여합니다 · 080
오래된 취미 · 081
그녀는 매일 아침 꽃 사진을 보낸다 · 083
할머니 사랑 · 086
하고 싶은 거 다 해 · 089
마음 알아채기 · 095
할아버지의 영정사진 · 096

우리는 서로의 가장자리에서 만나게 될 거야 · 100
부드럽고 아름다운 · 102
지금처럼 자주 기쁘자 · 103
사는 게 싫어진 나에게 · 104
아버지라는 이름 · 107
사랑하는 장면들 · 112
손을 잡는다는 것 · 114
다시 피어나기 · 115
기쁨을 같이할 수 있는 사람 · 116
아름다운 무한대 · 117
태어나면 죽지 않는 말 · 120
현재에 집중하기 · 122
아낌없이 사랑해 · 123
환기 · 126
다음에는 다른 곳에서 만나 · 129
쓰러졌다면 세워주세요 · 132
동네 · 134

제3장 나를 위해 빌어주는 소원

좋아하는 일은 같이 하자, 오래 봤으면 해 · 139
소원 · 142
글쓰기와 마라톤의 상관관계 · 145
가장 쉬운 일 · 149
모순 · 150
그때 나는 혼자였고 누군가의 인사가 그리웠으니까 · 151
좋아해 · 154
42.195킬로미터의 레이스 · 155
다짐 · 161
조금씩 더 나아질 우리에게 · 162
곱게 지은 문장을 드릴게요 · 163
숲속의 연못 · 164
사랑의 의미 · 166

내가 진짜로 원하는 것 · 168
쓰는 이의 고통이 읽는 이의 행복이 될 때까지 · 171
어느 젊은 예술가에게 · 172
내 마음의 방 · 173
애쓰지 않고 자유롭게 · 175
끌끌끌 · 176
무너진 김에 옆으로 넓어지자 · 179
구하는 일에 대하여 · 183
가볍게 시작하는 마음 · 184
1분 · 186
하자 · 189
실패에 익숙해지기 · 191
어떤 꿈 · 193

제4장 이 이야기의 주인공

이 이야기의 주인공 · 197
사랑은 · 198
꽃인 줄도 모르고 · 200
나의 것 · 202
첫 사람 · 203
나에게 해주는 말 · 206
두려움을 없애는 방법 · 208
아름답고 자연스러운 · 210
미완성 · 211

Love wins · 213
내가 고르는 행복 · 215
우리들의 사랑은 실패하지 않는다 · 216
꾸준히 될 때까지 · 217
결핍 · 220
유한한 시간에 대하여 · 221
물처럼 부드럽지만 강단 있고 집념 있는 청년 · 224
우리는 · 228
장마 · 229
Fix you · 230
ESC 탈출 · 234
월동 · 237
빛 가까이에서 · 240
다시 피어날 꽃 · 242
매일 아름답기를 · 243

에필로그 · 245

제1장

날마다
새로운 이름으로
사는 사람

낯선 세상으로의 초대 1

"두열, 당신만 괜찮다면 내가 여행을 시켜줄 수 있어요. 어때요? 같이 여행할래요?"

뜬금없는 메시지였다. 정체를 알 수 없는 사람에게서 도착한 갑작스러운 제안. 짧은 문장에는 오타가 많았고, 한국어도 서툴어 보였다. 어떤 사람인지 궁금한 마음에 그의 프로필에 방문하여 업로드된 사진들을 둘러보았지만 얼굴이 나온 사진이나 신분을 확인할 수 있는 게시글이 없어서 더 미심쩍게 느껴졌다. 종종 외국인 계정으로 팔로우를 늘려주겠다거나 지금보다 더 많은 좋아요를 받게 해주겠다면서 유혹하는 광고글 정도로 생각하고 대수롭지 않게 넘겼다.

좋아하는 작가님이 운영하는 성북동의 한 카페에 들른 날이었다. 문을 열고 들어서는데 거구의 남자가 갑자기 나를 보며 반갑다고 포옹을 하고는 영어로 마구 인사를 쏟아냈다. 나는 당황하고 얼이 빠져 아무런 반응도 하지 못하고 잠시 그의 품에 안겨 있었다. 정신을 차린 후 카페 주인인 작가님께 아는 손님이냐고 물었더니 그저 씨익 웃기만 하셨다.

알고 보니 그 사람은 나에게 함께 여행을 가자고 제안했던 사람이었다. 그는 내가 주말에 그 카페에 올 것을 이미 알고 있었다. 카페 주인인 작가님과 내가 댓글로 나눈 대화에서 힌트를 얻었다고 했다. 이번 주에 방문하겠다고 남긴 글을 보고 시간을 맞춰 기다리고 있었다고. 아니 그래도 그렇지, 내가 다른 일이 생겨 오지 않았으면 어쩌려고. 그건 둘째 치고, 만난 적도 없고 이야기를 나눠본 적도 없는 사람을 그렇게 무작정 기다리다니. 그의 행동이 신기하면서도 동시에 그의 메시지를 읽고도 답장을 하지 않았던 내가 떠오르며 미안함이 몰려왔다.

그렇게 그 자리에서 우리는 여섯 시간 동안 이야기를 이어나갔다. 나에게 여행을 시켜주겠다고 말했던 것은 자신이 에어캐나다 항공사의 승무원으로 일하고 있어서, 내가 원하면 파트너로 이름을 올려 항공권을 할인받을 수 있도록 돕겠다는 말이었다. 분명 혹하는 제안이었지만 나는 직장도 있었고 일을 마친 저녁에는 대학원을 가야 했기에 감사하지만 여행은 어려울 것 같다는 답을 건넸다.

그럼에도 불구하고 그는 포기하지 않았다. 한국으로 비행을 올 때마다 시간 맞춰 나를 보러 왔고 함께 밥을 먹으며 끊임없이 설득했다. 딱 2주만이라도 같이 여행해보자고. 지금보다 더 넓은 세상을 경험하면 분명 더 좋은 글을 쓸 수 있을 거라고. 포기를 모르는 그의 열정에 나는 조금씩 흔들리기 시작했다. 그는 나에게서 무엇을 본 걸까? 나는 점점 궁금해졌다. 다음 날, 대학원에 전화를 걸어 한 학기만 휴학이 가능한지 물었다.

"불가능하진 않지만, 한 학기 휴학은 안 되고 하려면 일 년을 쉬어야 해요. 커리큘럼이 엉키지 않으려면 그 방법밖에는 없어요." 그 말을 듣자마자 직감했다. '아, 나는 캐나다에 가게 되겠구나.'

지금처럼 안정적인 직장에서 일하고 돈을 벌면서 나에게 찾아온 기회를 포기할 것인가, 아니면 운명처럼 찾아온 이 기회를 붙잡아 더 넓은 세계에 나를 던질 것인가.

마음속으로 생각 정리를 마치고 부모님을 설득했다. 모르는 사람을 따라 긴 여행을 떠난다는 나를 위험하다고 걱정하시는 부모님께 내가 겪고 느낀 그 사람에 대해 설명했다. 충분한 시간 동안 신뢰를 쌓았고 믿을 만한 사람이라는 것을 알려드렸더니 안심하시는 눈치였다.

얼마 뒤 나는 직장을 관두고, 대학원에도 휴학 신청 서류를 냈다. 그렇게 나는 조금씩 더 넓은 세상으로 나아갈 준비를 시작했다.

낯선 세상으로의 초대 2

캐나다로 떠나는 날 아침이었다.

불과 몇 개월 전까지만 해도 전혀 알지 못했던 사람과 긴 여행을 떠난다고 생각하니 기분이 묘했다. 이 사람을 정말 믿어도 되는 걸까. 충분한 시간을 보냈다고 생각했는데, 막상 떠나는 날이 되고 보니 정작 이 사람에 대해 아는 거라곤 이름과 직업, 몸무게와 혈액형 따위(불의의 사고가 생긴다고 해도 수습에 별 소용이 없을 것 같은 정보들)뿐이었다. 세상에 믿을 사람 하나도 없다지만, 그 순간에 나는 믿는 것 말고 다른 건 아무것도 할 수 없었다. 떠나기로 결심했고, 이미 공항에 도착했으니까. 곧 출국수속을 하고 나면 거대한 비행기가 날 기다리고 있을 테니까. 그 비행기의 문으로 들어가 자리에 앉아서 기내식을 먹고 잠도 자고 창밖의 풍경을 감상하며 노래도 들었다가 앞으로 눈앞에 펼쳐질 일들을 그리다 보면, 상상 속에만 존재하던 먼 이국의 땅에 도착하게 될 테니까.

한 번도 가본 적 없는 캐나다는 내게 미지의 세계였고, 연고도 없는 곳이라 마음 한켠에 불안이 계속해서 싹을 틔웠다. 그는 내가 긴장한 것을 알아차렸는지 내 경직된 등을 토닥이며 말했다. "괜찮아, 별일 없을 거야. 걱정하지 마. 그리고 분명 재미있을 거야."

괜찮다는 말을 들으니 신기하게도 정말 괜찮아졌다. '안심해, 나를 믿어. 정말 신뢰해도 돼.'라고 말하는 것 같았다. 상대방의 기분과 분위기를 알아차리고 먼저 말을 건네는 마음. '이 사람은 지금 나를 배려하고 있구나' 하는 생각과 함께 딱딱하게 굳어 있던 몸과 마음이 조금씩 풀어지고 있었다.

"너를 위해서 열흘 동안 휴가를 냈어. 캐나다에 도착하면 너 혼자 다니지 않아도 돼. 먼저 우리 동네 근처에 있는 숙소에 짐을 풀고, 함께 산책을 가자. 집 근처에 커다란 숲과 공원이 많아서 걷다 보면 금방 익숙해질 거야."

나를 위해 자신의 귀한 휴가를 반납하다니. 그에게 어떻게 보답할 수 있을까. 생각이 꼬리의 꼬리를 물고 길어질 때쯤 비행기 탑승 시간이 다 되었다. 부모님께 전화를 드렸다. "이제 타요. 도착해서 연락할게요. 사랑해요."

비행기가 하늘을 날기 시작했다. 해가 지는 방향으로 하늘이 붉게 물들고 있었다. 잠시 두 눈을 감고 기도했다. '부디, 무사히 도착하게 해주세요. 그리고 앞으로 나에게 펼쳐질 일들을 온전히 즐기고 누릴 수 있게 해주세요.'

캐나다에 도착하자마자 제일 먼저 한 일은 가족에게 메시지를 남기는 것이었다. 긴 비행을 마친 후의 몰골은 더없이 초췌했지만, 영상편지를 보내듯 짧은 동영상 촬영으로 얼굴과 목소리를 담아 한국으로 보냈다.

이제 나는 낯선 땅에 첫발을 내딛고, 새로운 세상을 맞이할 준비를 마쳤다.

____ 날마다 새로운 이름으로

캐나다 밴쿠버의 서리surrey에서, 나는 매일 새로운 이름으로 살았다. 번화가에서는 멀리 떨어진 마을이었다. 숙소에 짐을 풀고 동네 구경을 나섰다. 근처에 스타벅스가 있어 커피를 주문하고 계산하려는데 직원이 내게 이름을 물었다.

"What is your name?"

음료가 준비되면 진동벨이 아닌 고객의 이름을 불러 알려준다고 했다.

"I'M 두열. Doo yeol, 두열." 내 이름을 정확하게 알아들을 수 있도록 아주 천천히 또박또박 말했다. 직원은 어색하게 발음하며 컵 홀더에 이름을 받아 적었다. 마침내 음료가 준비되었고 직원은 "두욜?" 하며 나를 불렀다. 나는 환하게 웃으며 고맙다는 인사를 전하고 밖으로 나왔다. 아무래도 내 이름을 발음하기엔 조금 어려운가 싶어 다음 날 다시 카페를 찾았을 때는 영어 이름을 알려줬다. "I'm Dave. Thanks." 그다음 날 내 이름은 Duke, 그다음 날에는 Doo가 되었다. 매일 스스로에게 새로운 이름을 선물했고 직원에게 그 이름을 알려줄 때마다 다른 사람이 된 기분이 들었다. 낯선 곳에서 스스로에게 새로운 이름을 지어주는 일이 이렇게나 재미있다니. 어느 누구도 나를 알지 못하는 곳에서 다른 이름으로 산다는 건, 잠시였지만 꽤 설레는 일이었다.

다시 서울로 돌아와 한참이 지난 뒤에도 캐나다에 있는 듀크와 데이브를 생각하며 지냈다. 종종 스스로를 낯선 사람처럼 여겨보았다. 그곳에서 태어난 내가 낯선 이곳에 여행왔다는 마음으로. 그럼 한동안은 여행자의 기분으로 살 수 있었다. 언젠가 그곳에 다시 가게 된다면 그때는 나에게 어떤 이름을 선물하게 될까.

아이들의 얼굴

여행 중이었다. 가진 거라곤 약간의 돈과 시간이 전부였다. 목적지 없이 조금 오래 걸었다. 얼마쯤 지났을까, 처음 보는 마을에 도착했다. 날이 뜨거워서인지, 모두 낮잠을 자러 간 건지 거리에는 아무도 없었다. 동화 속에 들어온 기분이었다. 하늘은 맑고 바람은 선선하게 불어오는데, 그 공간에는 나와 내 친구 둘뿐이었으니까.

그늘을 찾아 얼마쯤 더 걸었을까. 길을 사이에 두고 건너편에 보이는 작은 창문에서 누군가 우리를 지켜보고 있다는 사실을 알아차렸다. 처음엔 무서웠지만 그들에게 조금씩 가까이 다가갈수록 마음이 놓였다. 두 명의 어린아이가 호기심 가득한 얼굴로 우리를 구경하고 있었다. 보이지 않을 땐 조금 더 가까이 가면 된다. 실체가 명확해질수록 두려움은 줄

어들게 되니까.

목에 걸고 있던 필름 카메라를 한쪽 눈에 가져다 대고 아이들을 향해 몸을 돌렸다. 내가 누군지도 모르면서, 아이들은 활짝 웃는 얼굴로 내 쪽을 쳐다봤다. 그러곤 양손으로 브이를 그렸다. 처음 본 낯선 사람에게 아무런 의심 없이 웃음을 건넬 줄 아는 마음은 어떻게 해야 갖게 되는 걸까. 동심이 있어서 가능한 걸까. 자신을 해치지 않을 거라는 믿음으로, 인생에 단 한 번 마주치는 사람에게조차 활짝 웃어주는 마음은 정말 아름답구나.

어른이 되면 서로 흉을 보고 무시하는 일도 생길 텐데, 그런 세상을 영원히 모르고 살았으면 좋겠다는 건 욕심이겠지. 의심하고 또 의심받고, 지금과는 전혀 다른 세상에 놓여 아픔과 슬픔을 번갈아가며 마주치게 될 텐데. 여행자였던 나를 향해 환하게 웃어주었던 그 미소를, 앞으로 너희가 마주하게 될 세상에서도 잃지 않았으면 좋겠다고 말해주고 싶었다. 세상은 복잡하고 어지럽지만, 어떤 시선으로 바라보느냐에 따라 우리는 전혀 다른 세상을 살게 된다고.

여행하면서 참 많이 배운다. 자신이 가지고 있는 것보다 더 많은 것을 주려는 사람들. 주고 또 주는 사람들을 보면서. 어떻게 그럴 수 있을까. 주면서 행복을 느끼는 사람들에게 받은 마음을 나는 무슨 수로 갚을 수 있을까. 주는 사람의 마음은 무슨 색일까. 어떤 냄새가 날까. 이렇게 자꾸 받기만 해도 되는 걸까.

낯선 곳에서 마주친 수많은 장면을 잘 모아두었다가 이렇게 책으로 펴내면서, 이름도 모르는 그 아이들에게 내 책이 나왔다고, 너희에게 진 마음의 빚을 이렇게라도 갚게 되어 정말 기쁘다고 말해줄 수 있다면 얼마나 좋을까.

우리 밝은 쪽으로 걷자

계절은 매번 바뀌어도 밝은 곳은 어디에나 있지.
비가 내리고 눈이 와도, 바람이 불고 흐린 날에도
우리 밝은 쪽으로 걷자.
쏟아지는 빛에 닿아 반짝이는 것들 사이로 들어가자.

길을 막 건너려는데
맞은편 건물에는 사선으로 그어진 그림자.
빛을 등지면 내 앞엔 또 다른 내가 생겨나지.
표정도 눈빛도 없지만
슬픈 얼굴도 눈물도 들키지 않지.
스스로를 속이고 싶은 날들도 있겠지.
그럴 땐 잠시 숨어도 괜찮을 거야.

빛을 밟으면 그림자가 생겨.
그건 내가 빛 속에 있다는 증거.
빛 안으로 들어와 있다는 사실.

내가 가진 것중에 가장 빛나는 것은 무엇일까?
한 가지 생각에 몰두하면, 혼자가 되는 기분이 들 거야.
잠시 외로웠다가, 우리 밝은 쪽으로 걷자.

인생, 여행

인생과 여행이 닮은 건
그 속에 사람이 있어서다
그 안에 사랑이 있어서다
언제 끝나는지, 어디서 끝나는지
그때 내 곁엔 누가 남아 있는지
알 수 없어서
그 알 수 없음이 닮아 있어서
인생을 여행이라 부를까

우리는 이곳에 잠시 머물다 가는 사람들
치열함도 부지런함도 좋지만
지금, 여기 나에게

내가 두 발을 붙이고 서 있는 이곳에
집중하는 것
살아 있음을 느끼는 것
떠나는 것만이 여행인 줄 알았던 때를 지나
스스로에게 도착할 줄 아는 사람이 된 지금
내 삶 그 자체가 여행이고 인생이다

시간을 거스르려다 실패한 사람처럼

아주 먼 미래를 약속하면 그 마음에 빛이 스며들기 마련이지. 때마침 비가 오거나 눈이 내린다면 그 약속은 더 강렬해지고. 오래된 필름으로 세상을 담으면 기어이 빛이 번지고 말아. 시간을 거스르려다 실패한 사람처럼. 누구나 지나치는 인생의 어떤 중요한 순간을 관통할 때에 그 지점에서 아주 귀한 걸 잘 챙겨온 것처럼.

아름다운 실수

몽골을 여행하며 재미있는 이야기를 하나 들었다. 몽골 사람들은 길을 걷다가 실수로 누군가의 발을 밟으면 먼저 손을 내밀어 발을 밟힌 사람의 손을 잡아준다고. 그 이야기를 듣고 외로운 날이면 수없이 발을 밟혀도 괜찮겠다고 생각했다.

초원과 숲. 나무와 자연. 그리고 내미는 손.
몽골은 자꾸만 주는 나라라 나는 계속 받기만 하면서 행복한 사람이 됐다.

____ 버티고 견뎌낸 너에게

우리는 저마다의 시간을 지나 '지금'에 도착했으니
충분히 강하다는 말이지.

나마스테

나마스테라는 인사는 다양한 의미로 해석이 되지만 그중에서도 나는 '내 안에 있는 신이 당신의 신께 인사드립니다'라는 의미를 가장 좋아한다. 요가를 오래 해온 지인들은 항상 나에게 요가를 권했다. "두열아 요가를 꼭 한번 해봐. 너랑 정말 잘 맞을 것 같아." 그럴 때마다 속으로 '요가가 운동이 될까? 나하고 잘 안 맞을 것 같은데…' 하며 미루고 미루다 큰마음을 먹고 요가원을 찾았다.

처음에는 어떻게 따라 해야 하는지도 모른 채 그저 눈치로 옆 사람을 보며 흉내 내기 바빴다. 땀은 비 오듯 쏟아지고 '요가=명상'일 거라는 나의 편견도 와장창 무너져 내렸다. 수련이 끝나갈 때쯤 나는 울고 있었다. 왜 울었는지 지금도 정확히 모르겠다. 돌이켜보니 그저 그 순간에 완전히 몰입해 스스로에게 '지금, 괜찮아?'라고 묻고 있었다. 수련하는 내내 '괜찮아, 괜찮아'를 반복했을 뿐인데 어느 순간 마음이 일렁거리기 시작하더니 눈물이 쏟아졌다. 말로만 듣던 카타르시스를 느낀 것인지도 몰랐다.

수련을 마치면 마지막에는 항상 사바아사나(송장 자세)를 했다. 마치 죽은 사람처럼 가만히 누워서 모든 것을 내려놓은 듯 온몸에 힘을 풀면 바닥 깊숙한 곳으로 가라앉는 느낌이 들었다. 자세 이름은 '죽은 사람'인데 그 자세로 오래 머물수록 점점 더 살아 있다는 감각이 되살아났다. 그때 느꼈다. 나는 요가를 계속해서 하게 되겠구나. 이건 운동이 아니라 수련이구나. 내 몸과 마음을 더 깊고 넓게 만드는 훈련이구나.

요가 수련을 시작한 지 꼬박 일 년이 지났다. 두꺼운 옷을 입고 요가원을 방문했던 첫날엔 무엇을 어찌해야 할지 몰라 그저 어리둥절하게 주위를 살피며 모든 것을 신기하게 바라보았다. 365일이라는 시간이 흐르는 동안 내 몸은 아주 조금 유연해졌다가 다시 굳어지기도 했고, 수련하며 흘린 땀방울은 커다란 수건을 흠뻑 적시기에도 충분했다. 그만큼 새로운 세계에 조금씩 물들고 있었다.

요가를 하면서 진짜와 가짜를 조금 더 정확하게 분별할 수 있게 됐고, 나는 몇 사람을 잃었다. 아니 지웠다는 표현이 더 정확할 것이다. 세상을 거꾸로 보게 될 때마다 몸은 더 가벼워졌다. 내 몸 어느 한 곳의 힘을 빌려 나머지 전부를 지탱하는 일보다 정수리와 목, 어깨와 몸통이 일치되었을 때 커다란 힘을 들이지 않고도 세상을 달리 볼 수 있다는 것을 알게 됐다. 한 곳을 오래 응시하는 일과, 하나의 동작을 오래 유지하는 일. 마음을 쏟아내는 일과 쏟아지는 것들을 받아내는 힘. 이 순환으로 더욱 아득해질 수 있었던 일 년의 시간.

요가를 마치고 사람들과 아름다운 시선에 대해 이야기를 나눴다. 내 얘기를 털어놓기도 했지만 결국은 사람들의 아름다움이 무엇인지를 발견하는 시간이었다. 어려워도 기어코 해내는 사람이, 꼭꼭 숨겨져 있어도 결국엔 발견해내는 사람이 될 수 있다고 서로에게 말해주면서.

"지금 그곳에서 가만히 머물러 보세요. 그리고 지켜보세요. 다시 원래의 자리로 돌아왔을 때, 묶어두었던 그곳의 흐름이 서서히 퍼져나가는 것도 느껴보세요. 그걸 '리바운드'라고 해요." 스스로를 감각하며 바라보는 일. 그건 나를 돌보는 것과 다르지 않았다.

수련을 마칠 때마다 고요한 마음으로 두 손바닥을 붙이고 가슴 앞으로 옮겨 가만히 가져다 대본다. 꿈틀대며 느껴지는 심장의 박동. 살아 있다는 느낌. 크게 들이마셨다가 길고 가늘게 뱉는 여린 숨. 오늘 하루도 감사한 마음으로 잘 살아내자는 다짐을 하며 조용히 속삭인다. 나마스테.

하루 끝에서

오늘 치의 삶을 잘 살아내고 하루 끝에 가까워지면 지나온 시간들을 돌아보게 된다.
오늘 하루 내가 뱉은 말이 누군가에게 상처가 되지는 않았는지. 또 누군가가 무심코 뱉어낸 말이 나를 다치게 하지는 않았는지.
퇴근을 하고 밖으로 나와도 이젠 더 이상 어둡지 않다.
겨울이 우리 곁을 조금씩 떠나고 있다는 말이겠지.
해가 길어졌으니, 더 많이 걸어야겠다.

어떤 풍경은 사람을 부른다

우연히 보게 된 사진 한 장 때문에 여행을 결심한 적이 있다. 창 너머로 보이는 미쿠마 강의 정경과 방 안으로 들이치는 빛과 그림자, 잔잔하게 흐르고 있을 물결을 생각하니 그 장면만 봐도 충분하겠다는 생각이 들었다. '누가 벌써 예약을 한 건 아니겠지…' 마음이 요동치기 시작했다.

생일을 기념해 나에게 선물을 주고 싶었다. 비싸고 좋은 물건에는 크게 관심이 없던 나는 어릴 때부터 새로운 곳으로의 여행을 좋아했다. 가본 적 없는 곳. 그곳엔 내가 모르는 또 다른 내가 나를 기다리고 있을 것만 같았다.

여행지에서 만나는 낯선 사람들과의 대화는 대부분 선의와

호기심으로 가득했고 그 덕분에 언제나 필요 이상으로 즐거웠다. 일상에서 멀어진 나를 타인에게 새롭게 소개할 때마다 다시 태어나는 기분이 들었는데 몇 번의 경험 끝에 그걸 즐길 줄 아는 사람이 됐다.

우연히 알게 된 그 동네의 이름은 히타. 일본의 어느 작고 귀여운 마을이었다. 료칸으로 유명한 곳이라 숙소를 검색하면 인기 있는 호텔들이 줄을 섰다. 그러다 민숙, 민박이라는 단어에 끌려 이름 모를 어떤 이의 블로그에 접속했다. 에어비앤비에도, 아고다에도, 그 어떤 숙박 사이트에도 등록되어 있지 않아 쉽게 찾을 수 없는 곳.

그곳엔 이렇게 적혀 있었다.
— 예약 시스템이 따로 없어요. 사장님께 직접 연락 필요.

그 숙소의 SNS를 알아낸 뒤 번역기를 이용해 묵고 싶은 날짜와 인원수를 말하고 예약이 가능한지 물었다. 하루가 꼬박 지나서야 답이 왔고, 번역을 하니 이런 문장이었다.

— 네. 예약 가능합니다. 오셔서 연락주세요.

틀린 글자 하나 없이 너무나 맞는 말이었지만 이렇게 간단하게 예약이 끝나다니. 의심스러운 마음에 여러 차례 다시 확인했다.
— 6월 4일. 1박. 두 사람. 조식도 신청할게요.
— 도착하기 전에 다시 연락하겠습니다.

더 이상 답장은 도착하지 않았다. 내가 보낸 메시지를 읽었다는 사실만 알 수 있었다. 조금 불안했지만, 괜찮겠지 낙관하며 여행을 떠날 날만 기다렸다.

얼마 뒤 일본으로 떠난 나는 반신반의하며 숙소를 찾아갔고 과묵하던 사장님을 만났다. 그의 얼굴은 인자하고 편안해 보였다. 체크인을 도와주는 내내 미소와 친절을 잃지 않으며 나를 맞이해주었다.

동네에서 유명하다는 오코노미야키 음식점에 들러 저녁을

먹고 가볍게 산책을 했다. 해가 지고 거리에 가로등이 켜지니 마치 동화 속에 들어온 것처럼 사방이 고요하게 밝았다. 가끔씩 좁은 길을 지나는 네모난 자동차들을 볼 때마다 그마저도 작고 귀여워 동화 같았다.

숙소로 돌아와 일 층에 있는 작은 이자카야에서 맥주를 마셨다. 민박과 술집을 함께 운영하는 곳이라 술에 취해도 계단만 오르면 바로 방이 있으니 마음 놓고 편히 마실 수 있었다.

번역 어플을 사용해 사장님께 이것저것 궁금한 것을 물었고 나긋나긋한 목소리로 답이 돌아왔다. 서툰 대화가 이어지다 내가 알아들을 수 없다는 표정을 짓자 그는 휴대폰에 대고 중얼거린 후 한국어가 적힌 화면을 내 쪽으로 내밀었다.
'이곳이 처음인가요?'
이곳은 히타를 말하는 것이었다.

우연히 보게 된 사진 한 장 때문에 이곳에 오기로 결심했다고, 꼭 오고 싶었는데 다행히 예약을 할 수 있어서 정말 기뻤다고, 이번에는 내 쪽에서 일본어가 적힌 화면을 내밀었다.

그는 잠시 화면을 응시하더니 활짝 웃으며 가볍게 고개를 끄덕였다. 덩달아 나도 미소로 인사했다. 매일같이 먹고 자던 집으로부터 멀어져 낯선 공간에서 낯선 사람과 서로의 언어를 마주하며 더듬더듬 이어지는 이 대화의 생경한 분위기를 사랑한다. 시간이 아주 느리게 흐르는 것만 같은 기분. 꾸욱꾸욱 눌러 담아 나의 기억에 오래 새겨질 것만 같았다.

다음 날 숙소를 떠나며 인사를 건넸다.
"멋진 곳에서 하루를 보낼 수 있어서 기뻤어요. 다음에 꼭 다시 올게요."

내가 알아들을 수 있는, 분명한 인사가 되돌아왔다.
"아리가또고자이마스."

여행지에서 얻은 기운을 가지고 돌아와 일상을 보내며 지난 시간들을 추억하면 공허하다가도 금세 마음이 따뜻해졌다.

다음 여행을 떠날 때까지 직전에 다녀온 여행을 회상하고 곱 씹으면 이상하게 자꾸만 어떤 힘이 솟았다.

언젠가 그곳에 다시 가게 될 것 같다.
어떤 풍경은 보고만 있어도 꼭 나를 부르는 것 같아서.

봄바람

형태가 없어도 존재하는 것.
아니 세상의 모든 형태로 존재하는 것.
꽃으로도 오고 행복으로도 오는 것.
마음도 사람도 흔들리게 하는 것.
세상의 끝에서 시작해
지금 여기에 도착하는 봄,
싹을 틔우고 꽃도 피우는 계절이 되기를.

계절은 결국 다시 돌아오는 잃어버린 기쁨 같은 것.
기대하는 마음으로 기다리면 만나게 되는 환희 같은 것.

기꺼이 기쁨으로 달려갈 수 있는 사람

내 청소년기 대부분의 시간은 원하든 원하지 않든 정해진 사람들과 한 공간에서 지내야 했다. 어떤 담임 선생님을 만나는지, 어떤 친구가 반장으로 선발되는지, 같은 반에 배정받은 친구들이 어떤 성향인지, 심지어 내 옆에 앉는 짝꿍이 어떤 성격인지에 따라 내 성격과 내가 겪을 경험치가 달라지곤 했다. 스스로의 힘으로 통제할 수 없는 상황이기에 환경의 영향을 많이 받았다. 그 시간을 견디는 방법은 회피 또는 적응뿐이라고 생각했다. 그때는 만날 때마다 부정적인 말만 늘어놓는 사람, 세상에 더 이상 희망은 존재하지 않는다고 말하는 사람, 희망적인 일을 두고도 그 안에서 어떻게든 불가능만을 찾아내는 사람들이 주변 어디에나 존재했다.

그 시기를 지나 어른이 되고 나서 가장 좋은 점 중 하나는 내가 만나는 사람들을 선택할 수 있다는 것이었다. 나와 결이 다른 사람들을 마주하지 않아도 된다는 사실만으로도 피로가 줄어드는 기분이었다. 다양한 사람들을 겪어내면서 내 곁에 어떤 사람이 존재하느냐에 따라 같은 일을 경험해도 내가 다르게 반응하게 된다는 것을 알게 됐다.

자신이 직접 해보지도 않고 주워들은 말로 그건 그렇다더라, 저건 저렇다더라 하는 이야기를 쉽게 하는 어른들. 너도 별 다르지 않다고, 너라고 다르겠냐고 함부로 말을 뱉는 모질고 무책임한 사람들. 그런 사람을 마주할 때면 설령 자신이 해본 일이라고 하더라도 그건 당신이 경험한 일이지, 내가 당신은 아니지 않느냐고 말해주고 싶었다. 우리는 다른 사람이니 다른 결과가 나올 수도 있지 않겠냐고, 그러니 함부로 단정 짓지 말아달라고.

나이가 들면서 타인의 시작을 쉽게 무너뜨리려는 사람들, 부정적인 에너지를 가득 안고 사는 사람들을 멀리하기 시작했다. 온전히 나에게 집중하기 위해서, 나를 위해서. 그 이후 내

삶은 조금씩 변화했다.

부정이 반복되고 쌓이면 하나의 신념으로 굳어지고, 그건 시간이 지날수록 더욱 단단해져서 고치기 어려워진다. 그러니 이 글을 읽는 당신만큼은 스스로에게 더 좋은 것을 주길 바란다. 좋은 문장, 좋은 사람. 좋은 날씨와 좋은 음식. 좋은 것들로 내 안과 곁을 채워가면서 유연해졌으면 한다. 아파도 아픔을 이겨내려는 사람, 쓰러져도 다시 일어나려는 사람. 슬픔에 잠겨 있어도 다시 기쁨을 찾으려는 사람. 한 걸음만 더, 조금만 더. 거의 다 왔다고 이야기해줄 수 있는 사람. 비록 나는 실패했지만 너는 나보다 더 잘해낼 수 있을 거라고 말해주는 사람. 그런 멋진 어른을 자주 만나고 스스로에게도 그런 사람이 되어주자.

한 번뿐인 인생이니까. 밝고 맑고 아름다운 것만 발견하며 살기에도 부족한 시간 속에서 나를 아프게 하는 사람들을 굳이 골라가며 만나지 않기를. 그런 사람들은 다른 사람을 아프게 하니까. 나는 당신이 아픔 속에서 뛰쳐나와 여기 기쁨이 있다고, 희망이 있다고 말하는 사람이 되었으면 좋겠다. 그리고 그 기쁨과 희망을 꼭 발견하기를. 아니, 당신 스스로 기쁨과 희망이 되기를.

겉도는 중입니다

저는 겉도는 중이에요. 이 말은 안과 바깥을 잇는 경계 어디쯤에서 안쪽을 향해 하염없이 마음과 시선을 쏟고 있다는 말이지요. 이곳에서는 조금 덜 부끄러울 수 있고, 가끔은 몰래 슬플 수도 있거든요. 보이지 않는 부분이 더 중요한 이유는 보이지 않아서가 아니라, 꺼내어야만 보이기 때문이에요.
뱉자마자 허공을 떠돌며 사라지는 말들 중에 가장 아름다운 단어는, 아름다움이 아니라 사랑이래요. 만질 수도 가질 수도 없지만 그래서 더 소중히 여기게 되는 마음이라서요. 경로를 이탈하면 조금 더 자유로워져요. 목적지까지의 거리는 늘어나도 어쩌면 평생 마주칠 수 없었던 장면을 얻게 되니까요. 나는 겉도는 중이에요. 안쪽으로도, 바깥쪽으로도 갈 수 있는 사람. 나는 그런 사람이에요.

___ 우리는 우리가 빛나는 줄도 모르고

우리는 우리가 빛나는 줄도 모르고, 자꾸만 반짝이는 것들을 쫓아다니지. 한 걸음만 떨어져서 방금까지 그곳에 있던 스스로를 바라보면 얼마나 찬란하고 아름다운지 알 수 있는데.
우리는 우리가 빛나는 줄도 모르고,
매번 다른 곳에서 자신을 찾으려고 하지.
난 항상 지금 여기 있는데.

____ 해달분식

우연히 들어선 골목 어귀에서 할머니 네 분이 오손도손 이야기를 나누고 계셨다. 내가 들고 있던 여행용 가방의 플라스틱 바퀴가 바닥에 부딪히면서 우당탕탕 큰 소리가 났다. 할머님들의 대화에 방해가 될까 싶은 마음에 가방을 살포시 들어 그 앞을 지나갔다.

얼마쯤 지났을까, 뒤를 돌아 방금 지나온 골목을 조금 멀리 떨어져서 바라보니 눈앞의 풍경이 새삼 낯설고 아름답게 느껴졌다. 용기를 내어 조심스레 할머님께 다가가 여쭤보았다.

"안녕하세요, 저는 여행 중인 청년입니다. 대화를 나누고 계시는 모습이 너무 보기 좋아서, 사진 하나 남겨드려도 될까요? 이거 필름카메라인데 찍어서 다음에 사진 뽑아서 편지로 보내드릴게요!"

"예쁘지도 않은 할머니들 찍어서 뭣할라고." 무심히 말씀하셨지만 나는 포기하지 않고 한 번 더 말씀드렸다.
"에이, 안 예쁘긴 왜 안 예뻐요? 예쁘기만 하고만. 찍어드릴게요."
나의 진심이 닿았는지, 할머니 한 분이 말씀하셨다.
"그럼 잠깐만 기다려봐, 기왕 찍는 거 더 이쁘게 하고 찍어야 될 거 아녀."
그러곤 해달분식 간판이 붙은 가게 안으로 들어가시더니 꽃무늬 잠바를 입고 나오셨다.
"거봐, 화사하니 예쁘구만! 자 찍을게요. 하나 둘 셋!"
흔쾌히 허락해주셔서, 사진을 찍고 할머님의 성함과 주소를 받았다. 인사를 드리고 자리를 떠나려는데 해달분식 주인 할머니께서 말씀하셨다.
"내가 아까 다 지켜봤어. 뽄새가 다르더만. 시끄러울까 봐 가방 이렇게 들고 지나가는 거. 아까 다 봤다구. 젊은이가 어쩜 이렇게 마음이 고와."
누군가의 모습을 세심하게 지켜보고 그 속을 헤아릴 줄 아는 사람의 마음은 또 얼마나 귀한지.

오래오래 건강하시라는 말과 함께 그 골목길을 빠져나오는데 공연히 시골에 계시는 할머니가 떠올랐다.

앞으로도 내가 만들 수 있는 우연을 자주 마주쳐야지. 할 수 있는 일을 해야지. 따듯한 마음으로 조금 어려워 보여도 기꺼이 해내는, 용기 있는 사람이 되겠다고 다짐했다.

___ 길을 걷다 떠올린 문장들

순간을 반으로 자르면 순간순간이 될까요
그럼 우리는 더 많은 시간을 살게 될까요
우리가 아름다운 이유는 단 한 번뿐이라서
우리가 아름다운 이유는 딱 한 번뿐이라서
기어코 우리는 모두 하나뿐이라서

조용한 배려

회사 창고에는 지금까지 출간된 책과 그 책을 포장할 종이 박스, 테이프, 그리고 쇠로 만들어진 크고 긴 자가 놓여 있다. 작업 테이블 옆에 난 작은 창으로는 햇빛이 쏟아져 들어오고, 그 빛에 커다란 쇠자가 뜨겁게 달구어지곤 한다. 아무것도 몰랐던 나는 종이를 자르러 처음 창고에 들어갔을 때 화상을 입을 만큼 뜨겁게 달궈진 자를 덥석 만지곤 깜짝 놀랐다. 한 번 그리고 또 한 번. 뜨겁게 데인 경험이 있는데도 사용한 자를 그늘진 곳에 두지 않으면 다음에도 똑같이 달구어진 자를 만지고 말았다. 그럴 때마다 같은 실수를 반복하는 스스로가 실망스러웠지만 그 기분은 잠시뿐이었기에 크게 개의치 않았다.

평소와 다름없던 그날도 종이를 자르기 위해 창고에 들어섰는데, 작업 테이블 위에 놓인 노란 메모지가 눈에 띄었다.
'쇠자가 햇빛을 받아서 많이 뜨겁습니다! 만질 때 조심하시고 사용 후 그늘에 놓아주세요.'
메모를 보자마자 멋쩍은 웃음이 새어나왔다. 다른 사람도 나와 같은 경험을 했구나. 그렇지만 그 사람은 다음번에 같은 실수를 반복하지 않기 위해, 그리고 다른 누군가가 같은 경험을 하지 않기를 바라는 마음으로 그 글을 적어두었구나.

나는 왜 이런 생각을 하지 못했을까 자책도 했지만, 한편으로는 누군가의 배려를 받았다는 사실이 고마웠다. 메모를 적어둔 동료는 누구였을까. 아직도 알 수 없지만 나 아닌 누군가, 나를 제외한 모든 사람들 중 한 사람이겠거니 짐작하면서 크고 긴 자를 그늘에 옮겨두었다. 내가 받은 조용한 배려를 생각하면서 나도 그 마음을 나누어야겠다고 마음먹었다.

지금 여기 이 순간

몸과 마음이 같은 곳에 있으면 행복이고 그렇지 않으면 불행이래. 지금 내가 여기에 있다면, 마음도 지금 이 순간에 집중해야 행복할 수 있다는 거지.

몸만 여기에 있고 마음을 다른 곳에 두고 있다면, 다른 생각을 하느라 집중하지 못하고 있다면, 이 순간은 그저 무의미하게 흘러 사라져버리는 거야.

우리가 살아 있다고 느낄 수 있는 유일한 방법은 지금 여기 이 순간에 집중하는 거래. 그러니까 우리에게 주어진 시간에, 이 순간에 최선을 다해보자.

세상에서 가장 긴 여행

프리다이빙을 배우게 된 건, 세계에서 가장 깊은 물속으로 들어간 어느 다이버의 한마디 때문이었다. 어느 기자가 그를 인터뷰하며 질문을 던졌다.
"프리다이빙을 한마디로 정의하자면 어떻게 표현할 수 있을까요?"
"첫 번째 호흡과 두 번째 호흡, 그 사이의 여행입니다."
그 답변에 매혹되어 그해 겨울부터 프리다이빙을 배우기 시작했다.

스쿠버다이빙과는 달리 산소통 없이 단 한 번, 오직 자신의 몸과 호흡만을 가지고 물속으로 뛰어드는 프리다이빙은 내 몸을 내던지기 전 첫 번째 호흡에 들숨을 마시고 내 몸이 허락하는 만큼 바닷속을 유영한 뒤 그 숨을 다시 뱉기 위해 수면 위로 올라와 내뱉는 날숨, 그거면 끝이었다.

배를 타고 바다 한가운데로 나가 물속에 몸을 맡기는 일. 찰랑이는 수면 위에 둥둥 떠 있다가 호흡을 가다듬고, 산소를 한껏 머금은 후 물속으로 들어가면 여행은 시작된다. 하늘에서 쏟아지는 빛이 수면을 통과해 바다의 몸짓을 따라 출렁이는 모양을 가만히 보고 있으면 이 세상에 혼자 남겨진 기분이 들었다. 지구 바깥, 아주 먼 곳에서 출발해 물 속 깊이 저 어두운 곳까지 뻗어 나아가는 빛. 그 빛줄기를 따라 시선을 옮기면 바닷속에 길이 만들어진다. 숨을 참아낸 만큼 더 길게 누릴 수 있는 행복. 아름답고 멋진 걸 보면 심장이 더 빠르게 두근거리니까. 평소보다 더 빨리 숨이 차고 서둘러 수면 위로 올라온다. 물 바깥으로 나옴과 동시에 호흡을 후 내뱉으면 여행이 끝나지만 그래도 괜찮다. 다시 한번 숨을 참고 저 멀리 깊은 곳을 향해 헤엄치면 여행은 언제나 시작되니까.

첫 번째와 두 번째 호흡 사이에서 누리는
세상에서 가장 긴 여행이.

사랑이 있다

오래된 과거는 마주한 적 없었던 시간 같다. 지나간 건 지나갔을 뿐이라며 다가올 시간들을 생각하라는데 나는 자꾸만 걸어온 길을 돌아보며 데리고 오지 못한 나의 일부분을 지나온 어딘가에 두고 온 것 같다는 생각에 사로잡힌다. 세상에서 가장 어려운 건 불가능을 인정하는 일. 아름다운 장면들 속에는 언제나 영원이 담겨 있고, 작은 순간들은 켜켜이 쌓여 그때 미처 채우지 못했던 마음 어딘가를 메워준다. 나도 언젠가 혼자였고 누군가의 인사가 그리웠던 때가 있었는데, 지금 내 곁에는 사랑하는 사람이 있다. 나는 당신에게 사랑이 있다.

다시 떠나는 이유

이름 모를 타인의 생각을 훔쳐보는 일

머뭇거리지 않고 질문하고 답을 경청하는 일

처음 보는 누군가의 삶에 자연스럽게 스며드는 일

익숙함과 새로움 사이를 오가며 마음이 달뜨는 일

평소보다 말을 더 천천히 하거나

발음을 또박또박 쪼개며 말해보는 일

옆에 앉은 사람을 배려하며 괜찮은지 자꾸 살피는 일

당신은 어떤 소원을 빌었는지, 지금 누구를 떠올리는지,

사랑은 하고 있는지, 궁금하지만

결국엔 아무것도 묻지 못하고 돌아서서

스스로의 상상에 맡기는 일.

여행을 마치고 다시 집으로 돌아온다.
몸만 돌아왔지 마음은 여전히 그곳에 남아 있다.
지금 나는 분명히 여기에 있는데 여기에 없는 기분.
사람은 사람을 그리워하면서 살게 되어 있는 걸까.
그곳에만 존재하는 또 다른 나를 만나기 위해
다시 여행을 떠난다.

제2장

꽃은
세상 모든 일에
관여한다

매일 지고도 다시 피어나는 꽃처럼

나에게는 만날 때마다 조금씩 작아지는 할머니, 할아버지가 있다. 언제나 사랑스러운 얼굴로 "우리 두열이 왔어" 하고 안아주시는 할머니와 늘 환하게 미소 지으며 내 손을 꽉 잡아주시는 할아버지.

따뜻한 품에 폭 안길 때마다 할머니는 조금씩 더 작아져 있었다. 시간이 지날수록 사람은 자꾸만 작아지게 되는 건가. 그 작아짐이 마치 앞으로 만날 수 있는 시간이 얼마 남지 않았다고 말하는 것 같아 마음이 아렸다. 그래서 포옹의 시간은 자꾸만 길어지고, 사랑한다는 말은 더 자주 하게 되고. 사랑이 내 곁에 있을 때 더 잘하고 싶다. 후회하지 않도록.

오랜만에 할머니와 할아버지를 찾아 맛있는 밥을 함께 먹으며 그동안 쌓였던 이야기를 하나씩 꺼냈다. 할아버지는 평생

물처럼 마시던 소주를 두 달째 쳐다도 안 봤다며 자랑스러운 얼굴로 말씀하셨고 할머니는 옆에서 그게 자랑이냐며 웃으셨다. 어쩐지 할아버지의 안색이 이전보다 훨씬 밝아 보였는데, 다 이유가 있었다. 좋아하는 게 몸에 해로운 거라면 아주 가끔씩 즐겨야 더 큰 만족을 느낄 수 있을 거라고 할아버지께 조심스레 내 마음을 전했다. 그러자 할아버지는 크게 웃으시며 오늘 오랜만에 두열이를 만나서 기쁘니 참았던 소주를 한잔 마셔야겠다고 하셨고, 나는 할아버지의 행복에 기꺼이 동참하기 위해 소주 한 병을 주문했다.

기분 좋게 식사를 마치고 돌아오니 아파트 길가 화단에 꽃이 한가득 피어 있었다. 하얀색, 보라색, 빨간색. 알록달록 예쁘게 활짝 핀 꽃들을 카메라로 연신 찍고 있었는데, 할머니가 내 옆을 지나며 말씀하셨다.

두열아, 이 꽃은 일일초라는 꽃이야. 매일 새로운 꽃이 피었다가 지거든. 하루를 살아내고 잠이 들었다가 다시 일어나 삶을 반복하는 사람처럼 이 꽃은 매일 피었다가 또 지고, 하루가 지나면 또 다시 꽃을 피웠다가 지는 거야. 너무 신기하지? 여기 있는 거 할머니가 다 심은 거야!

평소에도 꽃을 좋아하는 나는 꽃을 심고 가꾸는 사람들의 마음은 꽃 모양처럼 생겼을까 궁금했는데, 우리 할머니가 이 동네의 플로리스트였다니. 멋쟁이 할머니의 손자가 된 기분이었다.

이제 가볼게요, 조만간 또 올게요.

할머니 할아버지는 나를 끝까지 배웅해주시려고 베란다의 예쁜 화분 틈 사이로 얼굴을 빼꼼 내밀어 활짝 웃어주셨다. 그리고 조심히 돌아가라는 따뜻한 당부와 함께 내 모습이 보이지 않을 때까지 손을 흔드셨다. 그 모습이 마치 바람에 흔들리는 꽃 같았다. 두 분의 사랑에 화답하듯 나는 차창을 열고 할머니, 할아버지 사랑해! 고백하며 양손을 힘차게 흔들었다. 서로가 서로의 시야에서 사라질 때까지 눈빛을 거두지 않으면서.

앞으로 우리에게 허락된 시간은 얼마나 남았을까 헤아려보면 눈물이 고인다. 하지만 우는 것 대신 잠시 눈을 감고 기도한다. 조금만 더, 건강하게. 곁에 있어달라고.

꽃은 세상 모든 일에 관여한다는 문장을 지은 적이 있다. 기쁠 때나 슬플 때. 축하하거나 위로할 때. 아무런 일이 없어도 예뻐서, 아름다워서 꽃을 곁에 두게 되니까. 시도 때도 없이, 꽃은 나무에도 들판에도, 돌 틈에도, 벼랑 끝에도 끝끝내 피어나니까.

자꾸만 작아지는 할머니 할아버지를 떠올리며 화단을 가득 채우고 활짝 피어난 꽃들에게 작게 속삭였다. 우리 할머니 할아버지를 지켜줘. 오래오래 건강하실 수 있도록. 나쁜 기운은 들어가지 못하도록. 잘 부탁해.

우리 할머니도, 할머니의 하루도 일일초처럼 매일 피고 지고 다음 날 또 피어 아름답기를. 오래 그러하기를. 나는 손끝으로 일일초의 잎을 쓰다듬었다.

무지개를 두 번 본 사람

오랜만에 만나도 편한 사람과 처음 만나도 불편하지 않은 사람이 있다. 지난봄과 여름 사이 나는 그 둘 모두를 경험할 수 있는 행운을 누렸다. 저마다의 모양이 섞이면 엉망진창이 되는 경우도 있겠지만 무지개처럼 조화롭게 어우러지는 조합도 있다.

우연이었지만, 나는 짧은 시간 안에 무지개를 두 번이나 본 사람이 됐다. 행복과 불행, 편안과 불안 사이 그 어디쯤. 정확하지 않더라도 괜찮은 하루였다.

잘해왔으니, 잘 해낼 거다.

30년이 넘는 시간 동안 다양한 사람들을 만나오면서 느끼고 배운 것이 있다면 다정한 사람들은 눈빛부터 다르다는 것. 무심코 건넨 말 한마디에도 온기가 담겨 있으니 그럴 수밖에.

따듯한 사람들 곁에 있으면 나도 덩달아 따듯해진다. 그러다 보면 나도 따듯한 사람이 되고 싶어진다. 내 주변을 온기로 덥혀 아늑하게 만들고 싶다.
덕분에 행복을 여러 번 발음하는 밤이 있었다.

빛

만약 누군가가 너를 미워하거나 질투하고 있다면, 지금 네가 가진 무엇이 아주 반짝거리며 빛나고 있기 때문이라는 사실을 명심해. 아무런 이유 없이 시기하는 사람은 없어. 어느 날 갑자기 누군가 뒤에서 내 험담을 하고 있다거나 근거도 없이 터무니없는 소리를 하고 있다는 사실을 알게 되더라도 흔들리지 마. 그만큼 멋지게 잘 살고 있다는 말이니까. 영양가 없는 말들은 뒤로하고 스스로를 잘 지켜내고 사랑해주면 돼. 지금처럼 네가 품고 있는 그 빛을 오래 지켜내면서. 빛이 필요한 사람들에게로 가서 빛이 되어줘.

잊지 마. 너는 세상을 밝히는 빛이야. 깊은 어둠 속에서도 홀로 환히 빛나는 빛.

무한하고 유한한

어떤 꿈은 맑고 밝아서 안쪽이 훤하게 다 보이기도 하지만 우리가 볼 수 있는 건 일말의 가능성. 가진 것의 반을 걸거나, 전부를 쏟는 일. 끝을 알 수 없는 일을 사랑하고 어쩔 수 없는 나를 인정하는 것까지. 무한하고 또 유한한 아름다움을 사랑해.

당신의 편

이미 벌어진 일을 두고 어떤 사람은 '실패'라고 부르고, 어떤 사람은 '경험'을 했다고 말해요. 두 사람에게 똑같은 일이 생겼는데 어떻게 그럴 수가 있을까요. 사람은 자신이 살아온 시간만큼, 딱 그만큼에 대해서만 이야기할 수 있어요. 지금 내 눈앞에 일어난 일을 어떻게 바라보고 해석할 것인가. 그건 오직 나에게 달려 있어요. 그러니 어떤 사람은 매일 실패를 하고, 어떤 사람은 매일 경험하는 거죠. 당신은 어느 쪽인가요? 어느 편에 서고 싶나요?

꽃은 세상 모든 일에 관여합니다

한강을 따라 달리고 있었어요.
멀리 있어도 잘 보이더군요.
가까워질수록 점점 향이 짙어졌고요.
닻을 내리고 잠시 멈춰 서서 만져보고 싶었지만
왜인지 이대로 스쳐 지나가는 것이 더 좋겠다는 생각입니다.
오늘의 꽃은 오늘만의 것.
흔들림 속에서도 분명하게 드러나는 존재.
꽃은 세상 모든 일에 관여합니다.
꽃에게 꽃이라는 이름을 지어준 사람은 어떤 사람일까요.
정확하게 알 수는 없어도
분명 아름답다고 생각했겠죠.
이건 아름다움을 담은 기록이에요.

오래된 취미

아름다운 날들은 빠르게 지나간다.
지나간 날들은 모두 아름답고.

활짝 웃는 미소와 펑펑 내리는 눈으로 환해지는 아침. 생각이 많아지는 날엔 아끼는 존재들을 소리 내어 불러본다. 아빠. 엄마. 할머니. 할아버지. 내 동생들. 하루 종일 나만 기다리는 강아지 포비. 사랑스러운 존재들의 연속. 한바탕 떠들썩하게 지나간, 행복했던 시간들을 복기하는 건 나의 오래된 취미.

좋은 순간들로 매일을 채우며 살고 싶다.
항상 우리의 끝을, 마지막을 생각하면서.

지금 이 순간에 깊이 몰두하면서.
그리고 남김없이 사랑하면서.

그녀는 매일 아침 꽃 사진을 보낸다

사랑하는 나의 그녀. 엄마. 이 세상의 밝은 빛을 모두 품고 태어난 그녀는 꽃다운 나이 스물한 살, 남들이 모두 공부하고 대학 생활을 즐길 때 엄마가 되었다. 엄마도 엄마가 처음이라 모든 것이 낯설고 두렵고 어색했을 텐데. 엄마는 이 험한 세상이 무섭지 않았을까. 엄마로서 자식에게 해줄 수 있는 것이 결국 사랑뿐이라는 마음을 품고 살았던 그녀는 매일 밤 성경 구절을 읽어주고, 피아노 건반을 두드리며 좋은 것만을 물려주기 위해 당신의 시간을 모두 나에게 쏟았다. 그 시간은 사라지지 않고 흘러와 지금의 내가 되었다. 사랑은 위대하다. 한 사람의 시간이 다른 한 사람에게로 고스란히 전해진다. 흩어지거나 부서지지 않고, 있는 그대로를 온전히 담아내고 만다.

엄마는 당신의 엄마에게 모르는 것을 묻고 또 물으며 조금씩 새로운 세계에 익숙해져갔다. 엄마도 당신의 엄마에게 받았던 사랑을 기억하고 있겠지. 그럼 나도 당신처럼, 당신에게 받은 사랑을 잘 품고 있다가 먼 훗날 태어날 나의 아이에게 그 사랑을 고스란히 전해줘야지.

엄마의 역할을 해내며 동시에 사회의 구성원으로 일을 시작한 그녀는 매일 아침 출근길에 수목원을 지나친다. 그리고 늘 마주치는 꽃과 나무의 사진을 찍어 가족채팅방에 전송한다. 덕분에 나는 아침에 눈을 뜨면 알록달록 꽃 사진에 파묻힌다. 그녀를 통해 계절의 변화를 실감한다.
지금 곁에 없어도 함께 할 수 있는 방법은 많다. 잠시 그 사람의 시선에 머무는 것. 상대가 보낸 메시지를 내 목소리로 소리 내어 읽어보는 것.

가끔 그녀는 셀카도 보내준다. 화면을 잘 보려고 인상을 쓴 나머지 미간에 주름 잡힌 얼굴로 카메라를 내려다보며 웃는 얼굴이다. 그 귀여운 모습이 더없이 사랑스럽다. 앞으로도 오랜 시간 그녀의 엉성한 셀카를, 꽃처럼 아름다운 그녀가 찍는 꽃 사진을 오래오래 볼 수 있기를.

할머니 사랑

세상의 모든 고됨을 지고 사느라 몸이 아픈 줄도 모르고 수십 년이 흘렀다. 노화는 피할 수 없는 것이어서 이제는 예전처럼 오래 걸을 수 없는, 허리가 아픈 할머니에게 산책을 가자고 말하고 싶었다. 손을 잡고 함께 공원을 거닐며 꽃구경도 하고, 지친 기색을 보이시면 잠시 나무 그늘 아래 앉아서 쉬다가 챙겨온 과일도 한 입씩 나누어 먹고. 할머니 어렸을 적 이야기도 좀 듣고. 내가 생각하는 아름답고 예쁜 시간을 함께 보내고 싶었다. 그러나 지금은 마음속에만 존재하는 장면일 뿐 어려운 일이 되어버렸다.

그가 젊었을 땐 내가 너무나 어렸고, 그때는 할머니랑 산책을 하고 싶다는 마음이 있었는지도 잘 모르겠다. 작은 내 눈에 보이는 것 외에는 생각할 겨를이 없었던 것일까. 시간이 많이 흐른 지금, 나는 어린이에서 젊은이가 되었고 할머니는 젊은이에서 조금은 멀어진 사람이 되었다.

종종 엄마와 함께 낡은 앨범을 꺼내어 예전에 찍어둔 우리의 모습을 볼 때마다 놀란다. 우리 할머니에게도, 엄마에게도 이렇게나 어리고 예쁜 시절이 있었구나. 나도 어쩌면 그 시간을 관통하고 있겠구나. 다시는 돌아오지 않는 세월이지만 잠시나마 눈을 감고 그때를, 그녀가 나의 엄마처럼 그리고 나처럼 젊었을 때의 삶을 상상해본다.

집 근처 가까운 골목이라도 함께 걸으며, 더 늦기 전에 할머니의 이야기를 들어야겠다. 당신의 젊음은 어땠는지. 어떤 향기가 났고, 어떤 모양으로 생겼었는지. 어떤 꿈을 꾸고 어떤 어른이 되고 싶었는지. 그 모든 이야기를 다 듣고 나면 나는 어떤 젊음을 지나고 싶은지 알게 될까.

점심시간이면 종종 할머니에게 전화를 건다. 목소리를 듣고 싶을 때. 괜히 기운이 없을 때. 힘을 얻고 싶을 때.

그러면 할머니는 전화 통화 마지막에 꼭 이렇게 말씀하신다.
"두열 사랑"이라고.
사랑해도 아니고 사랑이라니. '사랑한다'는 동사가 아닌 '사랑'이라는 명사는, 마치 내가 사랑 그 자체라는 온전하고 거대한 말인 것만 같아서 마음이 사랑이 아닌 것으로는 채워질 수 없는 상태가 되고야 만다.

나도, 할머니 사랑. 영원히 사랑.

하고 싶은 거 다 해

막냇동생이 고등학교 3학년이 되던 겨울 방학의 어느 날. 띠링, 메시지가 왔다.

─ 오빠, 나 소원이 생겼어. 해외에서 공부를 해보고 싶어. 유학 갈 수 있게 도와줘.

동생의 메시지를 받자마자 돈 걱정이 앞섰다. 어릴 때부터 집안 형편이 넉넉하지도 않았고 그렇다고 모아둔 돈이 많은 것도 아니었다. 가족들 중에 유학을 경험해본 사람도 없었기에 덜컥 겁부터 났지만, 메시지를 보낸 동생의 마음을 헤아려보다가 큰 오빠로서 꿈을 이뤄주고 싶다는 마음이 들었다. 조금 망설였지만 막내 여동생이 해보고 싶다는 말에 덜컥 "그래, 오빠가 도와줄게."라고 호언장담해버렸다. 돌이킬 수 없었다. 동생은 나의 말 한마디로 새로운 꿈을 꾸기 시작했다.

막냇동생은 나이가 어려도 항상 믿음직스러웠다. 지금껏 단 한 번도 걱정을 시키거나 실망시킨 적도 없었고 이번에도 혼자서 유학원의 도움을 받아 자신이 가고 싶은 나라와 학교, 교육과정을 찾아보는 것은 물론 학비와 경비 등 살기 위해 필요한 최소한의 금액을 미리 다 알아보고 나에게 고민을 털어놓았다. 그런 동생이 기특하고 멋졌다. 막 고등학교 3학년이 된 열아홉 살. 그때의 나는 한참 어리고 아직 부모님의 도움과 보살핌이 필요한 때라고 생각했던 것 같은데. 동생은 더 큰 세상을 마음에 품고 있었던 것이다. 연고가 없는 다른 나라에 혼자 살면서 공부까지 해보고 싶다는 꿈을 꾸었다는 게 부럽기도 했다.

나는 우선 부모님을 설득했다. 내 주변에 이미 유학을 하고 있는 친구나 선배들이 어떻게 살고 있는지 그들의 이야기를 들려주었고, 어차피 한국에서 대학교를 다니며 등록금을 내고 자취를 하면서 드는 생활비, 식비, 교통비를 생각하면 외국에서 학교를 다니는 것도 크게 다르지 않을 거라고 말씀드렸다(사실은 그렇지 않았다. 그것보다 더 큰 비용이 든다는 걸 이미 알고 있었지만 동생에게 꿈을 포기하라고 할 수는 없었다). 부모님은 나의 말을 철썩같이 믿으며 조금씩 동생의 유학을 긍정적으로 생각하기 시작했다.

동생이 원하는 학교에 입학하기 위해서는 영어 점수가 필요했다. 어릴 때부터 영어를 좋아하고 꾸준히 해왔던 동생은 카페 아르바이트를 하면서 유학비도 벌고 그 와중에 학원을 척척 알아보더니 등록한 지 한 달 만에 학교에서 요구하는 영어 점수를 받아냈다.

하루는 밤 열두 시가 다 되어 전화가 왔다. 동생은 그 늦은 시간까지 밖에 있었고 울먹거리며 첫마디를 내뱉었다. 그 목소리를 듣는 순간 큰일이 생긴 줄 알고 덜컥 겁이 났다.

"여보세요? 수인아, 무슨 일이야?"

"오빠…"

"왜 그래 무슨 일이야, 괜찮아?"

"나 영어 시험 합격했어…"

"잘했다 잘했어, 역시 내 동생! 얼른 집에 가서 부모님께 알려드려!"

"응, 오빠 고마워. 사랑해."

"오빠도 사랑해! 집 조심히 들어가!"

동생의 유학이 확정된 후, 우리 가족은 방법을 찾기 시작했다. 유학은 현실이었다. 가장 필요한 건 역시나 '돈'이었다. 온 가족이 머리를 맞대고 한 달에 얼마씩을 모으면 좋을지, 각자 얼마씩 적금을 할 수 있는지를 상의하고 그다음 달부터 바로 실행에 옮겼다. 본인의 삶이 조금은 궁핍해져도 자신의 것을 조금씩 내어놓는 마음은 한 사람의 꿈을 이루기에 충분했다.

일명 '막내 유학 보내기 온가족 프로젝트'. 1년이라는 시간 동안 가족 모두가 동생을 위해 자신의 생활비 일부를 할애하면서 돈을 모으기 시작했다. 큰 금액은 아니었지만, 시간이 지날수록 조금씩 쌓이기 시작하니 나중에는 커다란 목돈이 되었다. 그러고도 1년을 꼬박 더 모아야 했지만, '막내의 소원을 이뤄줄 수 있다면' 하는 마음 하나로 온 가족이 더 똘똘 뭉쳤다.

그리고 지난겨울, 막내가 호주로 떠나던 날. 가족들은 걱정을 뒤로하고 씩씩한 목소리로 한마디씩 건넸다.

"수인아 하고 싶은 거 다 하고 와. 먹고 싶은 것도 챙겨 먹고. 건강 잘 챙기고, 공부도 열심히 하고."

"공부하다가 집이 그립거나, 지금 걷는 길이 내 길이 아닌 것 같다는 생각이 자꾸 들면 나를 믿고 지지해준 가족들을 생각하면서 꾹 참고 버티지 말고, 방향을 바꿔도 되니까. 부담 가지지 말고 언제든 이야기 해. 우리는 언제나 네 편이야. 알지? 사랑해 내 동생."

얼마 뒤 호주에 도착한 동생과 통화를 하던 날엔 이렇게 말했다.

"무슨 일 있으면 연락하구, 무슨 일 없어도 연락하구!"

무슨 일이 없이도 연락한다는 것. 잠시 잠깐이겠지만, 상대방을 생각하고 떠올리면서 자주 따뜻해지는 기분을 만끽하는 것. 이 또한 사랑이겠지.

너무 커다랗게 보여서 닿을 수 없을 것 같은 꿈이더라도, 사랑하는 마음이 모이면 그것이 무엇이든 충분히 가능해진다.

___ 마음 알아채기

생각을 글로 적어보면 보이지 않던 나의 마음이 어떻게 생겼는지 흐릿하게나마 알 수 있다. 마음은 분명 존재하지만, 어디에 어떤 모양으로 존재하고 있는지는 모르니까. 어떤 한 사람이 궁금하거든 그 사람이 평소에 쓰는 단어와 말투를 가만히 들어보자. 그 사람의 마음이 어떻게 생겼는지, 어떤 마음으로 세상을 바라보며 살아가고 있는지 조금은 알 수 있게 될 테니까.

할아버지의 영정사진

평온한 주말 아침. 기상 알람보다 먼저 울린 전화에 잠에서 깼다.

"아들, 할아버지가 이번 주에 좀 볼 수 있냐고 하시던데? 집에 두열이 쓰는 필름 카메라 있지? 이번에 내려올 때 그거 챙겨서 와. 할아버지가 그래도 건강하실 때 영정 사진을 남기고 싶으시대. 올 수 있지?"

"그럼요, 가야죠. 할아버지 건강하시죠? 그냥 미리 찍어두는 거 맞죠?"

"응, 맞아. 건강하셔. 조심히 내려와."

할아버지는 노화와 가까운 사이가 되었고 귀가 잘 들리지 않아 보청기를 사용하셨다. 기계의 도움을 받아도 잘 들리지 않는 상황이라 당신의 의사를 전달하려면 큰 소리로 말하고 들어야 했다. 할아버지의 귓가에 내 얼굴을 가까이하고 목소리를 크게 내면, 소리를 지르는 것 같아서 괜히 죄송스러운 마음이 들었다. 마주 보고 있으면 입 모양도 정확하게, 발음도 또박또박 말할 수 있을 텐데. 그럼 할아버지가 내 목소리를 더 쉽게 들을 수 있을 텐데. 서로의 얼굴을 보지 못하고 소리만 전달해야 하는 상황이 답답하게 느껴졌다. 나이를 먹으면 자연스럽고 당연했던 것들이 어려워지고 이전보다 더 커다란 노력이 있어야 그나마 비슷한 상태를 유지할 수 있게 된다니. 누군가의 목소리를 듣고 이해하기 위해 온 신경을 몰두하고 집중해야 한다는 현실을 부정하고 싶었다.

엄마와 통화를 마치고 아무 일도 없는 것처럼 할아버지께 전화를 걸었다.

"할아부지, 나 두열이. 뭐하고 계셔요?"

"할머니랑 같이 감자 까고 있다. 점심으로 닭볶음탕 해 먹으려고. 두열이도 올래?"

"응, 안 그래도 내일 본가 내려가기로 했어요. 엄마랑 같이 들어갈게요. 점심 맛있게 드시고, 내 것도 남겨줘!"

"그래, 내일 보자이!"

다음 날 할아버지 댁에 도착하자마자 다 같이 닭볶음탕을 맛있게 먹고 사진을 찍기 위해 옷을 갈아입었다. 월남참전 유공자로 나라에서 제복을 받으신 할아버지는 제복을 멋지게 차려입으시고는 조금이라도 더 건강할 때 웃는 모습으로 영정사진을 남기고 싶었다고 하셨다. 엄마와 할머니가 할아버지 얼굴에 하얗게 분칠을 하고 넥타이를 매어드리는 모습도 찰칵. 집을 나서기 전에 거울 앞에서도 웃으며 찰칵. 몇 장의 사진을 남기고 아파트 단지 내에 있는 작은 정원으로 나갔다.
어색한 미소로 나를 바라보는 할아버지의 모습을 보니 울컥 눈물이 차올랐다. 그 모습을 들키고 싶지 않아 얼른 카메라로 우는 얼굴을 가리고 괜히 말을 걸었다.
"할아버지 여기 보세요! 김치찜~ 한번 해봐. 김치찜~ 아니면 스마일~ 웃어야 예뻐! 경례도 해보시고. 오, 그렇지. 너무 멋지다. 우리 할아버지 잘생겼네!"
어색하고 부끄러워 하면서도 밝고 환하게 웃으시는 할아버지 얼굴에 마음이 뭉클했다. 여전히 곱고 아름다운 당신. 나의 할아버지. 뷰파인더 너머로 보이는 가을의 풍경과 시간의 나이테. 마침 볕이 좋아 따뜻하게 촬영할 수 있었다. 우리에게 언제까지 시간이 허락될지 알 수 없지만 살아 있는 동안, 사랑하는 동안 더 많이 보고 안아주고 다음을 약속할 수 있기를.

몇 장의 필름 사진을 찍고 할아버지께 다가가 포옹하며 귓가에 속삭였다. "사랑해 할아버지. 건강해야 돼. 아프지 말고. 오래오래 행복해야 해."
할아버지는 말없이 천천히 내 등을 두어 번 토닥여주었다.
그건 사랑한다는 말이었겠지.
더 늦기 전에 할아버지한테 사랑한다고 말해달라고 투정을 부려볼까. 그리고 나도 사랑한다고 말해야겠다.

우리는 서로의 가장자리에서 만나게 될 거야

가장자리. 별자리 이름 같기도 한 가장자리. 가장 좋은 것, 가장 멋진 것. 가장 예쁘고 아름다운 것. 저 멀리 끝에 서 있을 가장자리는 어쩌면 모든 자리 중에 최고의 자리가 아닐까. 물러나고 양보하고 배려하는 사람이 뒤로 밀리고 밀려 결국 서게 된 끝 자리. 끝이라는 공간은 아득하고 두렵지만, 어쩌면 우리는 서로 너무 많이 양보한 끝에 가장자리에서 마주칠지 모른다. 마치 내 앞에 있는 사람들의 발을 밟지 않으려 뒷걸음질 치다가 서로 등을 부딪치는 것처럼. 우리가 닿는 그 자리. 그곳이 우리에게 가장 좋은 자리, 우리의 가장자리가 아닐까. 중심에서는 밀려났지만 오히려 가장 포근하고 안락한, 따뜻한 자리. 언제까지 물러나야 할지 알 수 없어 두려움이 막 생겨날 때, 그때 다행히 서로를 만나게 되는 자리.

우리, 가장자리에서 만나자.

부드럽고 아름다운

삶은 유연하고 부드러운 곡선,
인생은 유한하고 아름다운 하나의 단편.

지금처럼 자주 기쁘자

내가 나아서 행복한 이유를 하나씩 세어보다가 더 이상 접을 손가락이 없어서 기뻤어. 기쁜 일은 생각보다 어렵지 않았어. 이렇게나 손쉽게 얻을 수 있는 걸 너무 멀리서만 찾고 있었던 게 아니었나 싶더라고. 다리를 다치고 나니까 그냥 자연스럽게 걸을 수 있다는 사실만으로 행복하더라. 지금은 걷는 게 대단한 일이 아니지만 우리는 모두 다 세상에 첫걸음을 내디뎠을 때 아주 커다란 환호와 박수를 받았을 텐데. 그런 생각을 하다 보면 작은 것에도 감사하게 돼. 다 고맙고.
그러니 돌아갈 수는 없어도 자주 돌아보자. 돌아보고 또 돌보자. 금방 지나가는 가을을 붙잡고 만끽하고 흡수하자. 그러다가 스며들자. 그리고 지금처럼 자주 기쁘자.

___ 사는 게 싫어진 나에게

이유를 알 수 없는 우울이 찾아왔다. 우울은 전에도 여러 번 겪어낸 경험이 있어 개의치 않았는데 이번에는 조금 달랐다. 하루 종일 무기력하고 입맛도 없고 어느 누구의 목소리도 듣고 싶지 않았다. 조금 더 심하게 말하자면 살고 싶다는 의욕이 사라진 상태. 이럴 때 쓰는 나만의 극약처방이 있다. 조금은 무모할 수도 있으니 무작정 따라하지 마시길.

극약처방 하나.
집으로 가는 길 위에서 눈을 감는다. 그리고 열 발자국쯤 눈을 감은 채로 걷는다. 절대로 실눈은 뜨지 않기. 눈을 감으면 보폭은 자연스레 좁아지고 걸음 수가 늘어날수록 두려움도 함께 커진다.

마음속으로 하나, 둘, 셋 넷을 세면서 얼른 열 걸음이 채워지길 바라고, 열 걸음을 내딛음과 동시에 눈을 뜬다. 아주 짧은 거리지만 나는 가던 길에서 바깥으로 조금 벗어나 있고, 심박수는 몇 초 전보다 훨씬 빠르게 뛰는 상태가 된다.

눈을 떴을 때 앞이 보인다는 감사와 빛과 색을 느낄 수 있다는 감사가 밀려온다. 보인다는 것, 볼 수 있다는 것이 이토록 감사한 일이구나. 겸손해지면서 동시에 더 잘 살고 싶어진다. 열 걸음이 너무 짧은 것 같다면 스무 걸음으로 도전한다.

극약처방 또 하나.

수 년 전 처음 프리다이빙을 배우며 경험한 간절함을 떠올려본다. 산소통 없이 바닷속을 헤엄치며 깊은 곳으로 들어가려면 사전에 스태틱 앱니아static apnea라는 훈련을 받아야 한다. 직역하자면 '정적인 무호흡' 정도가 되겠는데, 물속에서 움직이지 않고 가만히 있는 상태로 숨을 참는 것이다. 한 번 마신 호흡으로 얼마나 참을 수 있는지를 확인하고 그 이후에 무호흡 상태의 시간을 길게 늘리기 위한 훈련이다.

스태틱 앱니아 훈련을 할 때마다 물속에서 '살고 싶다'고 생각했다. 아주 간절히. 내 의지로 고개만 들면 바로 숨쉴 수 있음에도 나는 어떻게든 참고 버텨냈다. 그 이후로 삶에서 활력을 잃고 무기력해졌을 때면 나는 숨을 참는다.

지금 어느 곳에 있든 크게 숨을 들이마시고 폐를 팽창시킨 다음 호흡을 멈춘다. 사람마다 다르겠지만 짧게는 10초, 길게는 1분도 넘게 참는다. 숨을 멈춘 상태로 시간이 흐를수록 희미했던 삶의 이유가 조금씩 분명해지면서 점점 더 '살고 싶은' 상태가 된다. 우리는 결국 숨을 필요로 하는 존재. 숨 참기를 멈추고 크게 후 내뱉는 순간 살았다는 안도와 함께 또 다시 심장이 빠르게 쿵쿵 뛰는 상태가 된다.

여기까지 읽었다면 속으로 피식 웃으며 이게 뭐냐고 할 수도 있지만, 가끔 우울해지거나 삶의 의욕이 사라진 것 같다는 생각이 들 때 눈 감고 걷기, 숨 참기가 떠오를지도 모른다. 당연하게 누리고 있는 것들이 결코 당연하지 않다는 것을 깨닫게 될 때 우리는 감사함을 느낀다. 이 방법들을 너무 자주 쓰면 효과가 약해질 수 있으니, 정말 무기력해졌을 때 한 번씩 사용해보길.

아버지라는 이름

아빠는 엄마를 만나 스물두 살에 가장이 됐다. 예전에는 지금보다 더 어린 나이에 결혼을 하고 가정을 꾸렸다고는 해도 아빠는 또래 중 가장 먼저 아버지가 되었다. 전라북도 남원의 작은 시골 마을, 동네에서 대장 노릇을 하며 살다가 직업군인으로 사회에 첫 발을 내딛은 남자. 그는 20대 초반, 비교적 이른 나이에 시험에 합격해 '준위'라는 계급을 달고 군 생활을 시작했다.

그 당시 아버지가 만났던 선임들은 어린 나이에 높은 계급을 달고 있는 아버지를 탐탁지 않게 여겼고, 왜인지는 알 수 없으나 인정해주지 않는 분위기 속에서 아버지는 가정을 지키기 위해 갖은 고생을 참고 군 생활을 버텨냈다고 했다. 조금이라도 더 잘 보이고 싶은 마음에 솔선수범하여 스스로를 자주 희생했고 당신의 마음과는 다르게 사람들은 언제나 본인들에게 유리한 쪽으로 아버지를 이용했다.

힘든 쪽은 언제나 버티는 쪽이었다. 사람들은 힘들게 버티고 있다는 사실을 눈치챈 뒤에는 그럴 권리도 자격도 없으면서 이때다 싶어 버티는 것마저 할 수 없게 만들었다. 그들은 왜 약자에게 더 강하게 대하는 걸까. 괴롭힘을 당하는 쪽은 언제나 아프다. 아버지는 10년의 군 생활을 뒤로하고 지금의 내 나이쯤에 두 아들의 아버지가 되어 험하고 가혹한 사회에 두 번째 발을 내딛게 됐다.

아버지는 항상 말씀하셨다. 가족이 전부였다고. 아무리 힘들고 어려운 순간이 와도 자신이 꾸린 가정만큼은 어떻게든 지켜내고 싶었다고. 그래서 밤낮을 가리지 않고 돈을 벌었다. 지킬 수 있는 방법이 그땐 '돈'뿐이라고 생각했다. 부유하지 않은 집안의 맏아들로 태어나 어려운 유년 시절을 보냈고 남들과 다를 것 없이 시간이 흘러 자연스레 어른이 된 아버지는 자신의 앞가림을 시작하기도 전에 가족을 책임져야 했다. 어느 누구도 어른이 되는 방법을 가르쳐준 적이 없었고 누구나 그렇듯 먹고 살기 바빴기에 한 달 동안 일을 하면 그 돈으로 다음 한 달을 살아내는 식이었다. 나와 동생은 시간이 갈수록 점점 더 빠르게 자라났고 아버지는 그만큼 나이를 먹어갔다. 봄 다음에 여름, 가을 다음에 겨울. 그리고 다시 봄. 계절의 순환처럼 시간이 흐르면 자연스레 다음이 오면 좋으련만, 그때 우리 집은 사계절 내내 겨울이었다. 집안의 살림은 마음처럼 크게 나아지지 않았고, 평생을 '가난'이라는 이름 아래 살아야 했다.

'가난'에서 벗어나 '평범'한 가정을 만들기 위해 아버지는 매일 해가 뜨기 전에 하루를 시작하고 해가 지고 나면 집으로 돌아와 다음 날을 준비하기 바빴다. 일과 잠, 다시 일의 반복. 현대인의 평범한 삶과 크게 다르지 않지만, 아버지는 그 누구보다 성실했고 단 한 번도 게으름을 피운 적이 없었다. 그럼에도 가난의 테두리를 벗어나는 건 꿈같은 이야기였다.

내가 기억하는 아버지는 항상 같은 신발을 신고 있었다. 밑창이 다 까지고 닳아서 새로운 신발을 신어야 했음에도 그 돈으로 자식들 입에 맛있는 음식을 넣어주고 싶어 했다. 오래된 신발은 그만큼 발에 꼭 맞아서 새 신발보다 더 편하다고, 아버지는 자주 본인을 숨겼을 것이다. 아버지는 존재했지만, 그 존재는 언제나 가족을 위한 것이었다. 본인보다 가족을 먼저 생각하고 살았기에 당신은 있으면서 없는 사람이었다. 이름도 있고 자존심도 있었다. 힘도 열정도, 꿈도 있었지만 당신은 당신을 위해 한 것이 없고 언제나 자신이 지켜야 하는 가족이 우선이었기에 어쩌면 존재만 하는 사람이었을지도 모른다.

그런 당신이 어느 날 내게 물었다.
"아들, 아들에게 아빠는 어떤 존재야? 누군가가 너에게 아버지는 어떤 사람이냐고 물으면, 어떻게 대답할 거야? 너에게 아빠는 어떤 사람이었어? 어느 순간 문득 궁금해지더라고… 내 아들에게 나는 어떤 아빠였나. 어떤 아빠로 기억되고 있나 싶어서."
"그걸 어떻게 지금 바로 말할 수 있겠어요. 너무 길어질 것 같은데? 곰곰이 생각해보고 다음에 내는 책에 편지처럼 적어둘게요."

그 질문이 내게 도착하고 세 번의 계절이 지나서야 답을 하게 되었다.

아버지 당신은 나에게 한결같은 사람이었다. 변함없는 사랑과 응원을 아낌없이 주는 사람. 주고 또 주면서도 항상 부족할까 계속 주는 사람. 언제나 성실하고 꾸준한 사람. 1년 365일 중 366일 동안 일하는 사람. 당신이 맺은 인연이니 끝까지 지켜내고야 말겠다는 사람.
나는 당신의 아들이니, 그렇다면 나는 당신을 닮았을 테니. 당신에게 한결같이, 변함없는 사랑과 응원을 받았으니 이제는 내가 받은 무수히 많은 것들을 돌려줄 차례다.

사랑한다는 말은 때로 사랑한다는 말 한마디로 표현하기 어렵다. 수십 년의 세월이 쌓여야 입 밖으로 꺼낼 수 있게 되는 사랑도 있다.
아버지, 사랑합니다.

____ 사랑하는 장면들

아름다운 장면을 마주치면 사랑하는 사람이 떠오른다.

내가 사랑하는 그 사람도 아름다워서.
그 둘은 어쩔 수 없이 닮아 있어서.

손을 잡는다는 것

사랑하는 사람의 손을 잡는 일은 귀하다. 손바닥이 맞닿고 손가락이 교차되어 깍지를 끼는 행위는 끝이 없는 약속 같다. 놓치지 않겠다는 말 대신 무슨 일이 있어도 당신과 엉켜 떨어지고 싶지 않다고 말하는 것 같으니까. 엄지로 상대의 엄지를 쓰다듬고 추운 겨울엔 상대방의 손을 주먹으로 만들고 나의 손을 보자기로 만들어 손으로 손을 덮는다. 그 순간 온전히 당신을 지키고 싶어진다. 어떻게 해서든 지켜내고 싶다는 마음을 먹게 한다. 춥고 어두운 곳에 있더라도 비바람이 몰아치고 천둥번개가 쳐도 지켜내고야 말겠다는 다짐 같은 걸 자꾸만 하게 된다. 손을 잡는다는 것에는 그런 의미가 있다.

다시 피어나기

다시, 해보겠다는 마음을 갖는다는 건
나를 한 번 더 믿어보겠다는 말과 다르지 않다.
멈추지만 않으면, 결국엔 가닿게 되는 기적.
긴 겨울잠을 자고 일어난 당신에게.
꽃이 피는 계절, 첫 봄을 기대하는 마음으로.
다시, 피어나기.

기쁨을 같이할 수 있는 사람

함께 슬퍼해주는 사람도 좋지만, 기쁜 일이 있을 때 축하하며 진심으로 좋아해주는 사람을 곁에 두세요. 마음 다해 응원해주는 사람이 있다는 건 정말 감사한 일이고, 복이 가득한 삶이니까요. 슬픔에 공감하는 건 쉽게 할 수 있지만, 나에게 좋은 일이 생겼을 때 축하해주는 건, 진짜 좋아하는 마음이 있어야 가능하거든요. 슬픔을 나누는 관계보다 함께 기쁨을 향유하는 관계. 그런 사람들과 함께하세요.

____ 아름다운 무한대

매년 겨울이 오고 흰 눈이 내리면 바깥으로 나가 눈덩이를 굴려 눈사람을 만드는 사람들이 좋다. 사람이 만드는 눈사람이라니. 눈으로 만드는 사람이라니. 왠지 근사하다. 커다랗게 몸통을 만들고 그보다 조금 작은 눈덩이를 그 위에 올리면 금세 눈사람이 완성된다. 시간이 지나면 언젠가는 녹아서 사라져 버린다고 해도 기어코 눈사람을 만드는 사람들을 보면 그건 모두 동심이 시킨 일이 아닌가 싶다.

눈사람을 보면 무한대의 모양이 떠오른다. 우리는 우리 안에 있는 무한대의 가능성을, 자신도 모르는 사이 눈사람으로 만들어내는 것일지도 모른다. 대부분의 사람들은 그 사실을 알아차리지 못한 채 순간의 기쁨만을 누리며 겨울을 보낸다.

우리도 언젠가 잠시 태어났던 눈사람처럼 흔적도 없이 그렇게 사라지겠지만, 눈이 내리면 아무래도 상관없다는 듯 모든 일은 까맣게 잊고 눈덩이를 뭉쳐 눈사람을 만들어내겠지. 시간은 흐르고 다시 겨울이 찾아오면 마치 눈을 처음 보는 사람처럼 기뻐하며 밖으로 나가 눈사람을 만들겠지. 그렇게 자꾸만 눈을 뭉치고 굴리며 자신의 가능성을 만들어내겠지. 그러다 이 문장을 읽고 눈사람을 볼 때마다 무한한 가능성에 대해, 내 안에 있지만 나조차도 알 수 없었던 무한함에 대해 떠올리겠지. 어느 곳에 있든 자꾸만 눈사람을 만들겠지.

우리도 이번 겨울에 눈이 오면 환한 마음으로 아름다운 무한대를 만들자.

태어나면 죽지 않는 말

무엇 때문인지는 알 수 없었지만 길을 걷다 욕설을 퍼붓고 소리 지르며 싸우는 사람들을 목격했다. 나를 향한 말이 아니라도 누군가 무심코 뱉은 욕을 들으면 기분이 상한다. 그만큼 말이라는 건 참 날카롭고 무거워서 살짝만 잘못 스쳐도 크게 다치고 만다.

말은 보이지 않는 곳에서 소리를 타고 세상 밖으로 태어난다. 탄생과 동시에 소멸 그리고 불멸. 어떤 말은 사람의 마음에 박혀 평생을 기생한다. 어린 시절 멋지다고 생각했던 어른에게 들은 칭찬 한마디는 한 아이가 꿈을 결정하는 데 커다란 도움이 되기도 하고, 시퍼렇게 날이 선 한마디가 사람을 살리기도 죽이기도 하니까.

부정적인 기운이 나를 덮칠 때면 나는 조용히 혼잣말을 시작한다. 지금 내가 들은 말을 잊기 위해서. 스스로에게 더 좋은 걸 주고 싶은 마음으로.
"괜찮아, 나는 나를 잘 알아. 이런 상황에서도 스스로에게 좋은 걸 줄 수 있는 사람이야. 오늘 점심엔 맛있는 걸 먹고 아름다운 걸 발견하자. 조금 더 빛나는 것들로 내 안을 채우자!"
그럼 정말로 조금은 괜찮아지니까.

현재에 집중하기

눈을 감고 명상하는 이유는 단순하다. 바쁘게 돌아가는 일상 속에서 잠시 템포를 늦추고 가만히 나의 안쪽을 지켜보기 위해서. 내 안에서 무엇이 피어오르고 있는지를 관찰하기 위해서. 바깥에서 안으로 들어온 것들이 아닌, 나의 깊은 곳에서 무엇이 솟아나고 있는지를. 시간을 멈출 수는 없어도, 멈춤의 감각을 스스로에게 선물하고 이 순간을 온전하게 느끼며 집중하기 위해서. 능동적으로 숨 쉬고, 호흡하면서 살아 있다는 느낌을 충만하게 느끼기 위해서.

명상을 수련이라고 부르는 이유는 스스로를 가만히 지켜보고 들여다보면서 현재에 집중할 수 있는 시간을 늘리기 위함이니까. 지금, 여기에 내가 존재한다는 것을 한 번 더 깨닫기 위함이니까.

아낌없이 사랑해

종종 본가에서 잘 때면 포비는 내 발아래 어딘가에 자리를 잡는다. 자신의 엉덩이를 나에게 꼭 붙이고. 그럼 나는 내 옆의 빈자리를 탕탕 두 번 두드리면서 이리 와, 라고 말한다. 그 말에 포비는 내 옆으로 달려와 혀를 반쯤 내민 채 세상에서 가장 편한 자세로 눕는다. 더위를 많이 타는 나는 여름이면 에어컨을 세게 틀어두기 때문에 포비도 추울까 봐(털이 있지만 그래도) 이불을 살포시 덮어준다. 옆에 가만히 누운 포비의 콧등과 뒷통수를 가볍게 긁어주면 그릉그릉 소리를 낸다. 나는 포비의 분홍색 귀를 열고 말을 꺼낸다. "포비야. 형 아 이름은 윤두열이야. 꼭 기억해. 알겠지? 나중에 형을 꼭 찾아와야 해." 말할 때마다 자꾸 눈물이 난다. 강아지가 아주 나중에 무지개 다리를 건너고 나서 주인도 하늘나라에 왔을 때, 이름을 알아야 주인을 찾아올 수 있다는 이야기를 어디선가 읽은 적이 있다. 그래서 나는 포비를 볼 때마다 내 이름을 알려준다. '무슨 소리지?' 하는 표정으로 멀뚱멀뚱 나를 쳐다보긴 해도, 내 말을 다 알아들었을 거라는 오해와 착각을 여러 번 반복하는 일이 슬프고 또 기쁘다. 살아 있는 동안 아낌없이 사랑해야지. 포비 사랑해. 아낌없이, 사랑해.

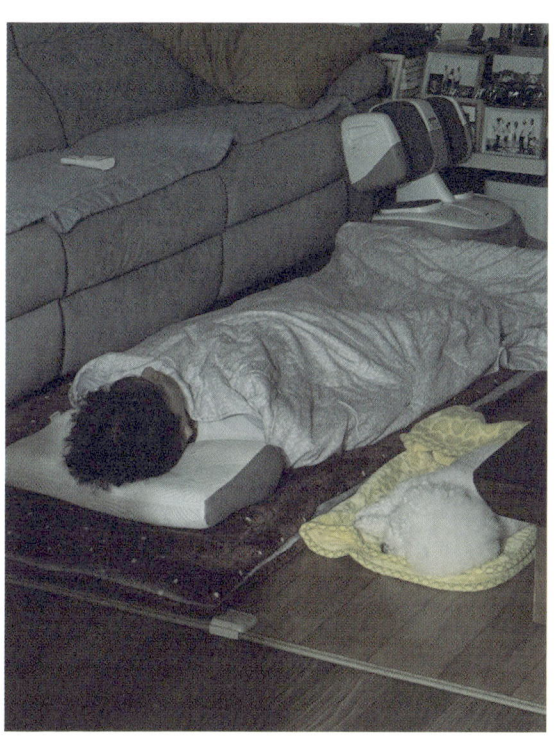

환기

세상의 묵은 때가 나를 뒤덮은 것 같을 때, 내 삶이 조금 퍽퍽하다는 생각이 스멀스멀 올라올 때면 나는 스스로를 가장 자연스러운 상태에 두고 싶어진다. 나에게 가장 가까운 자연은 한강. 망원동 골목 끄트머리에 위치한 우리 집에서 빠른 걸음으로 오 분이면 망원한강공원에 도착한다. 양옆으로 탁 트인 넓은 풍경, 주인과 함께 산책 나온 강아지, 서로를 꼬옥 껴안고 경치를 감상하는 사랑스러운 커플들을 지나면 작은 동산이 하나 나오는데, 그곳에 돗자리를 펴고 몸을 누이면 끝. 몇 그루의 나무 너머로 들려오는 "지나갈게요" 하는 목소리와 바람에 살랑이는 나무들의 소리를 자장가 삼아 잠시 눈을 감는다. 그때부터 시작되는 평화.

나무가 내어주는 그늘 아래에 누워 내 몸이 땅에 닿아 있음을 느끼면 지금 이 순간 필요한 건 아무것도 없음을 깨닫게 된다. 그저 지금처럼 평온한 상태가 길게 이어지기만을 바라는 마음뿐. 나뭇잎 사이로 드문드문 들이치는 햇빛이 감은 눈 위로 쏟아져 내리고. 그럴 때면 사랑하는 가족들의 얼굴이 하나둘 떠오른다. 아빠, 엄마, 남동생, 여동생. 그리고 우리 집 막내 강아지 포비.

사랑은 무엇일까? 생각할수록 잘 모르겠다. 자꾸 보고 싶은 건가. 보고 있어도 보고 싶고 주고 또 주어도 부족하다는 생각이 드는 건가. 그렇게 얼마쯤 누워 사랑에 대해 생각하다가 잠에 든다.
눈을 뜨면 다시 이어지는 평온. 우리는 잠에 들었을 때 어디에 존재하는 걸까. 이 세상에 잠시 없는 사람이 되는 건 아닐까 하는 엉뚱한 생각을 하다가, 몸을 뒤척이며 좋아하는 노래를 몇 곡 듣고 몸을 천천히 일으킨 다음 가만히 앉아 지나가는 사람들을 관찰하다 천천히 집으로 돌아온다.

정신없이 흐르기만 했던 삶에 잠시 '일시정지' 버튼을 누르고 스스로에게 시간을 선물한 기분은 꽤 근사하다. 내 시간을 내가 원하는 대로 사용하다니. 언제 어디서 내가 가장 편한 순간에 이르게 되는지를 알게 된 스스로가 대견하다. 앞으로도 나만의 방법으로 삶을 가꾸며 나를 지키는 사람이 되어야지. 그리고 이 방법을 사랑하는 사람과 나눠야지.

다음에는 다른 곳에서 만나

지난가을 유기견 보호소에 봉사를 다녀왔다. 그동안 그곳에 있는 강아지들에게 반나절이라는 짧은 시간 동안 마음을 쓰고 눈빛을 나누다가 다시 돌아오는 게 조금은 두렵기도 했고, 그새 정이 들면 어떡하지? 하는 걱정 때문에 선뜻 나서지 못했었는데, 친구가 함께하자고 해서 용기를 냈다.

견사에는 500여 마리의 강아지가 있었다. 곧 미국이나 캐나다로 입양 가는 친구도 있고, 들어온 지 얼마 되지 않아서 이름조차 없는 친구도 있었다. 사람의 손길이 그리워 품으로 파고드는 친구, 멀리서 멀뚱멀뚱 쳐다만 보고 다가오지 못하는 친구. 장난을 치는 친구. 눈빛이 똘망똘망한 친구. 다리가 조금 불편한 친구. 애정을 독차지하고 싶어 다른 강아지가 곁으로 오면 으르렁거리는 친구. 낯선 사람이 무서워 계속

짖어대는 친구. 닮은 듯 다른 귀여운 강아지들과 한 번씩은 꼭 눈을 맞추고 건강히 잘 지내라고 마음속으로 기도했다.

터무니없지만, 한 사람이 태어날 때마다 그 사람과 평생을 같이 지낼 강아지 한 마리가 운명처럼 정해지면 좋겠다고 생각했다. 짝이 없는 강아지가 단 하나도 없는 그런 세상. 모두 주인이 있어서, 사랑받고 행복을 나누는 존재가 되었으면 좋겠다는 기분 좋은 상상.

견사 바닥에 펼쳐져 있던 이불을 빼내고, 물을 뿌리고 빗자루로 쓸며 바닥을 정리했다. 강아지들의 밥그릇을 깨끗한 물로 씻고 놀아주고 낮잠을 자는 모습까지 가만히 지켜보면서 평온의 또 다른 모습은 이런 것이겠다고 생각했다. 빛이 드는 곳에 배를 깔고 누워 눈을 감고 있는 장면이 아직도 눈에 선하다.

이렇게 봉사를 마치고 강아지들과 헤어질 때 보통 "다음에는 다른 곳에서 만나!"라고 인사한다고 했다. 그건 주인을 만나 이곳을 떠나게 되었다는 뜻이기도 하면서 새로운 가족이 생겼다는 말이니까.

언제 다시 이곳에 올 수 있을지 모르겠지만, 내 바람이 너희에게 닿아 꼭 전해졌으면 좋겠다.

다음에는 다른 곳에서 만나.

쓰러졌다면 세워주세요

산책을 하던 길, 저 멀리 가만히 서 있던 자전거가 갑자기 한쪽으로 푹 쓰러졌다. 바람이 세게 불어서 균형을 잃고 넘어진 것 같았다. 마침 내가 자전거 쪽으로 걷고 있었기에 다가가 자전거를 일으켜 세웠다. 바닥에는 자전거 바구니에서 쏟아진 물건들이 흩어져 있었다. 주변의 누구도 그 물건들을 주울 생각이 없어 보였다. 나는 물건들을 하나씩 집어 다시 자전거 바구니에 넣었다. "아이고 예뻐라." 자리를 뜨려는데 뒤에서 어떤 할머니의 목소리가 들렸다. 나는 할머니께 "감사합니다!" 하고 웃으며 꾸벅 인사를 드렸다.

집으로 돌아가며 생각했다. 나는 넘어진 자전거를 일으켜 세웠을 뿐인데 누군가에게 예쁜 사람이 되었다. 할머니 덕분에 한동안은 자전거를 보면 예쁘다는 단어가 떠오르겠지. 그럼

난 또 웃음이 나겠지. 무심코 뱉은 한마디 말이 한 사람의 삶에 커다란 파동을 남겼다.

사람들은 본인에게 직접적인 피해가 되지 않는 일이라면 손쉽게 생각하거나 의식조차 하지 못한다. 문제를 발견하고 행동으로 옮기는 사람은 많지 않다. 나 아닌 누군가가 할 거라는 군중심리일 수도 있고, 내 것도 아닌데 내가 왜 해야 하냐는 마음일 수도 있고, 정말 못 보고 지나친 사람도 있을 것이다. 봤어도 못 본 척하는 사람도 있겠지만.

그럼에도 나의 도움으로 충분히 해결되는 일이라면, 그것이 큰 힘을 요구하거나 어려운 일이 아니라면 기꺼이 해보자. 세상에 필요한 누군가가 내가 될 수 있는 일이라면 한번쯤 되어보자. 그럼 언젠가 내가 쓰러졌을 때도 누군가가 분명히 나를 일으켜 세워줄 것이다. 그런 세상이 될 것이다.

동네

한 동네에서 8년을 살았다. 높은 건물은 드물고 오래된 건물은 많은 동네. 골목마다 미용실과 이발소, 꽃집과 채소 가게가 있고, 붕어빵 가게와 횟집이 나란하게 자리한 곳. 은행나무가 많은 나의 동네는 매년 11월마다 길거리가 모두 노오랗게 물든다. 바람에 흔들리는 나뭇잎과 햇볕을 오래 쬐어 후두두 떨어지는 낙엽을 보고만 있어도 괜히 가슴이 두근거린다. 신기하게도 늘 11월이면 예상치 못한 좋은 소식이 잇따랐다. 꼭 만나고 싶었던 사람을 만나게 되거나, 오랜 시간 꿈꾸었던 소원이 현실이 되곤 했다.

한 자리에 심겨 단단하게 뿌리를 내리고 싹을 틔워 놓고 커다랗게 자란 뒤에도 죽을 때까지 그 자리를 지키는 나무처럼, 나도 언제나 그 자리에 있을 것만 같은 사람이라고. 내가 좋아하는 사람이 나에게 말해주었다. 그 이야기를 듣는데 기뻐서, 자꾸 기뻐서 웃음이 났다. 행복을 붙잡는 방법은 감정을 기록하는 것. 계절을 붙잡는 방법은 고개를 들어 하늘을 보는 것. 자꾸만 더 좋은 사람이 되고 싶어서 나무 옆에 오랫동안 서 있었다.

제3장

나를 위해
빌어주는
소원

___ 좋아하는 일은 같이 하자, 오래 봤으면 해

2016년 가을, 《내 옆에 있는 사람》이라는 산문집을 읽고 느낀 감상을 SNS에 아주 솔직하게 기록했다. 처음부터 끝까지 이렇게 모두 좋을 수가 있나 싶을 정도로 좋은 책이었다. 페이지를 넘길수록 남은 책은 점점 더 얇아지고, 좀처럼 이야기가 끝나지 않았으면 좋겠다는 마음으로 가득했다. 마지막 페이지를 넘기는 것이 두렵다고, 지금 여기서 멈추고 싶지만 도저히 멈출 수는 없어서 슬퍼진다고. 한가득 적어두었던 푸념 같은 일기였다.
책과 여행을 좋아하는 사람들에게 이미 유명한 작가의 책이었으니 수많은 사람들이 읽고 감상문을 남겨두었겠지만 우연하게도 작가님은 본인의 이름을 검색하다가 내가 적어둔 글을 발견했다. 그 글을 시작으로 지금까지 내가 남긴 문장과 사진들을 보며 '나'라는 사람이 궁금해졌다고 했다.
"두열 군은 하는 일이 뭐예요? 실례가 안 된다면."
나에게 도착한 첫 메시지였다.

믿기지 않았다. 내가 가장 좋아하는 작가가 나에게 먼저 메시지를 보내오다니. 정신을 차리고 보니 우리는 광흥창역에 있는 한 횟집에서 인사를 나누고 있었다. 잘 먹지도 못하는 술과 회를 앞에 두고 사람과 사랑, 꿈과 여행 같은 단어를 주고받으며 대화를 이어 나갔다. 그 시간은 꿈같이 행복하고 좋았던 기억이라 지금도 눈앞에 생생히 아른거린다.

다음을 기약하고 헤어질 때 나는 용기를 내어 한 번만 안아봐도 되겠냐고 물었다. 왠지 오늘이 지나면 다시 만날 수 없을 것만 같아서였다. 그는 멋쩍게 웃으며 엉거주춤한 자세로 두 팔을 벌려 잠시 동안 포옹한 채 내 등을 토닥여주었다.

그날로부터 얼마 지나지 않아 다음 만남을 약속했고 우리는 다시 서울역에서 만났다.

'좋아하는 일은 같이 하자, 오래 봤으면 해.'
이 글을 선물 받은 건 함께 부산으로 가던 기차 안에서였다. 당시 출간된 지 얼마 되지 않았던 《안으로 멀리 뛰기》를 챙겨가, 맨 앞 장에 선물처럼 받은 문장이었다.

내 인생에서 수많은 사람을 스쳐가고 숱한 오해와 실망을 반복하면서도 여전히 인연을 만들며 사는 것은 그때 받은 문장 덕분이었을까. 글과 말에는 힘이 있으니, 나는 그 말을 믿어보기로 했다. 이다음에 좋아하는 사람이 생기면, 나도 같은 문장을 선물하겠다고 마음먹었다.
"좋아하는 일은 같이 하자, 오래 봤으면 해."

소원

사람은 살면서 이백 가지 소원을 빌어요.
근데 있죠, 이루어지는 건 삼백 가지래요.
누군가 나를 위해 빌어주는 소원도 있어서요.

이 문장은 내 첫 독립출판 에세이 《그때 나는 혼자였고 누군가의 인사가 그리웠으니까》에 쓴 '소원'이라는 글이다. 이 글을 적게 된 것은 어느 여름, 혼자 다녀온 제주 여행에서였다. 제주에 갈 때마다 매번 들르는 국밥집에서 든든하게 한 그릇을 모두 비우고 나와 근처 해변을 산책하고 있을 때였다. 저 멀리 바다 너머 수평선에 지는 노을은 아름답고, 파도는 쉼 없이 철썩이고, 몇 분 간격으로 하늘에는 비행기가 뜨고 지길 반복하고. 눈앞에 펼쳐지는 장면들을 바라보다가 문득 그런 생각이 들었다.

내가 살면서 지금까지 빌었던 소원은 몇 개나 될까. 그중에 이루어진 건 얼마나 될까. 사랑하는 사람들의 건강과 행복을 바라며 두 눈을 감고 두 손을 모아 중얼거렸던 기도는 다 어디에 모여 있을까. 되는 일이 하나도 없다고, 이 세상은 내 편이 아니라고, 사는 게 너무 어렵고 포기하고 싶을 때가 많다고. 누군가 내게 그런 말을 한다면 나는 그 사람에게 어떤 말을 해줄 수 있을까를 생각하다가 나도 모르게 휴대폰 메모장을 켜고 무작정 적어 내려가기 시작했다.

사람은 살면서 이백 가지 소원을 빌어요.
근데 있죠, 이루어지는 건 삼백 가지래요.
누군가 나를 위해 빌어주는 소원도 있어서요.

그렇게 적힌 이 문장은 상상 이상으로 수많은 사람에게 가닿았다. 누군가의 일기에, 라디오에, 책에, 편지에 꾹꾹 담겼다. 내가 쓴 글 중에서 가장 많이 알려진 문장일지 모른다.

누군가 나를 위해 빌어준 소원 덕분일까. 그렇게 믿어보기로 했다.

글쓰기와 마라톤의 상관관계

글을 쓰는 건, 정신없이 흐르던 시간을 잠시 멈추고 나를 돌아보고 돌보는 일이다. 내가 멈춘다고 멈출 수 있는 시간은 아니지만, 흐르는 물에 몸을 맡겨 무작정 떠내려가기보다는 잠시 물 밖으로 나와서 흐르는 물을 바라보는 행위이기도 하다. 축축하게 젖어 온몸은 무겁게 느껴지고 물은 뚝뚝 떨어지지만 그 어느 것에도 개의치 않고 조금 전까지 몸을 맡겼던 물 아래 세상에서 잠시 벗어나는 일. 한순간에 마치 다른 세계에 도착한 것처럼 조금 전의 나를 바라보는 일이 생경하게 느껴지는 일. 잠시 멈추어 글을 쓴다는 건 지금 어디쯤에 와 있는지, 숨을 고르고 어느 방향으로 흐를지를 점검하는 일과 같다.

스스로를 자주 돌보는 사람은 조금 느리더라도 결코 늦지 않는다. 가야 할 길이 명확하고 분명한 사람은 뚜벅뚜벅 자신만의 방법으로 정답이 없는 길을 걷고, 자신의 길을 정답으로 만들어낸다.

인생은 마라톤과 닮아 있다는 말을 직접 달리고 나서야 깨달았다. 다 함께 설레는 마음으로 출발선 앞에 서서 출발 신호와 함께 모두가 같은 방향으로 달려 나간다. 지금까지 대회에 여러 번 참가했지만, 시작하는 그 순간을 제일 사랑한다. 긴장된 얼굴, 경직된 몸. 쌀쌀한 바람과 서로를 향한 눈빛. 어느 누구도 소리를 지르지 않지만 그들의 다짐과 결심이 내 귓가에 들리는 것 같은 순간을.

정해진 거리를 자신만의 속도로 뛰는 일. 뛰다가 힘들면 잠시 걷기도 하고 멈추기도 하는 일. 그렇지만 포기하지 않는다면 결국 결승선에 가닿게 되는 일. 처음과 마지막. 시작과 끝이 있는 자신과의 승부. 마라톤의 매력은 직접 달려본 사람만이 느낄 수 있는 달콤한 희열에 있다.

열심히 달리다 주위를 둘러보면 웃으며 뛰는 사람, 너무 힘들어서인지 표정이 일그러져 있는 사람, 다리에 쥐가 났는지 누워서 뭉친 근육을 풀고 있는 사람, 라인 바깥에서 응원봉을 흔들며 거의 다 왔다며 힘내라고 격려해주는 사람들까지. 생전 처음 보는 사람들이 내가 수십 년의 인생을 살아내며 마주쳤던 사람들과 오버랩되면서 보고 싶은 이들이 떠오르기 시작한다. 그러면 속으로 외친다. '이것만 해내고 보러 갈게. 조금만 기다려. 나 곧 도착해.' 곧 도착한다는 말. 거의 다 왔다는 말. 우리는 이 말이 거짓말인 줄 알면서도, 그 말을 듣는 순간부터 기다리는 사람이 된다. 곧 도착할 거라는 믿음을 가진 채.

누군가를 기다려주는 일은 잘하면서, 왜 스스로에겐 그토록 냉정할까. 서두르지 않고 조급해하지 않으며 곧 도착할 나를 격려해주자. 우리는 모두 결국 어딘가에 도착한다. 자신의 길을 걷고, 그 길 위에서 어떤 기록을 남기며 사라질지를 정하는 건 오직 우리의 몫이다.

글쓰기와 마라톤. 이 둘은 전혀 관계가 없어 보일지 모르지만, 첫 시작과 마침표가 있다는 점에서 너무나 닮아 있다. 어쩌면 우리 인생처럼. 글쓰기는 잠시 멈추어 스스로를 돌아볼 수 있는 가장 투명하고 솔직한 행위이며 마라톤은 달리면서 지나온 길을 돌보고 돌아보는 일이다. 글쓰기와 마라톤은 인생을 살면서 온전히 내 힘으로 해낼 수 있는 가장 아름답고 멋진 일이 아닐까.

가장 쉬운 일

손에 닿지 않는 커다란 행복을 꿈꾸는 건 너무나 어렵지만,
지금 이 순간 내 행복을 선택하는 건 가장 쉬운 일이야.

모순

내가 사랑하는 것이 나를 가장 아프게 하고,
나를 가장 행복하게 만드는 모순.

그때 나는 혼자였고 누군가의 인사가 그리웠으니까

'세상에 내 이름으로 된 책 한 권이 있다면 얼마나 좋을까? 지금까지 여행을 다니며 찍었던 사진과 순간을 기록해두었던 문장을 한 곳에 모아둔다면 정말 멋질 것 같은데.'
2020년 1월. 상상 속에만 존재하던 나의 책을 독립출판으로 출간했다. 제목은《그때 나는 혼자였고 누군가의 인사가 그리웠으니까》.

스위스의 그린델발트라는 마을을 떠나오는 기차 안에서 적은 문장이다. 문이 닫히고 기차가 막 출발하려는데 창밖으로 두 명의 어린 소년이 보였다. 아이들은 기차가 달리는 방향으로 함께 달리기 시작하더니 누군가를 향해 힘차게 손을 흔들었다. 이번에 헤어지면 한동안은 볼 수 없는 사람에게 건네는 인사처럼 느껴졌다. 기차의 속도는 점점 빨라지고 아이들은 점점 멀어지고. 그렇게 기차가 역을 완전히 떠났을 때쯤 무언가에 홀린 듯 글을 적기 시작했다. '그때 나는 혼자였고 누군가의 인사가 그리웠으니까'는 그 글의 마지막 문장이었다.

우연히 얻은 기회로 긴 여행을 하던 중이었고 여행이 길어질수록 혼자라는 사실에 더욱 외로웠지만 그 시간이 없었다면 내 첫 책은 없었을지 모른다. 지나가면 돌아오지 않는 순간들을 붙잡고 싶었을 뿐이었는데, 작은 조각들을 이어 붙이니 하나의 커다란 그림이 완성된 기분이었다.

그때 나는 혼자였고 누군가의 인사가 그리웠지만, 지금 내 곁에는 사랑하는 사람들이 있다. 더 이상 타인의 인사를 그리워하지 않는다. 대신 매일 건넬 수 있는 인사와 전할 수 있는 안부를 남김없이 아낌없이 보낼 줄 아는 사람이 되었다. 혼자가 되어봤기에, 더 이상 혼자가 아닐 수 있게 되었다. 만약 지금 외로움을 느끼는 누군가가 있다면 꼭 말해주고 싶다. 그때 당신은 혼자였고 누군가의 인사가 그리웠으니까, 이제 당신 곁에도 그 누군가가 찾아올 거라고. 웃으며 인사를 건네게 될 거라고.

___ 좋아해

좋아하는 걸 좋아한다고 말하기. 좋아하는 게 뭔지 모르겠다면 종이와 연필을 꺼내서 해보고 싶었던 것들을 주욱 적어보기. 그중에 지금 당장 할 수 있는 걸 시작하기. 하면서 웃음이 나온다면 그건 높은 확률로 내가 좋아하는 것이 될 수 있다는 사실을 기억하기.

어떤 식으로든 마음을 뒤흔들 수 있는 단 한마디.
좋아해.

42.195킬로미터의 레이스

풀코스 마라톤을 완주한 경험이 있다고 말하면 보통 비슷한 답이 돌아온다. 어떻게 그 긴 거리를 쉬지 않고 달릴 수 있어요? 42.195킬로미터인가요? 대단하다고 말해주거나 자기는 절대 못할 거라고 고개를 젓는 사람도 있다. 나도 달리기를 시작하기 전에는 그랬다. 처음부터 마라톤에 참가하려고 달리기를 시작했던 것은 아니었다. 하루 일과를 마치고 한강으로 나가면 늘 저마다의 속도로 달리는 사람들이 있었고, 그들을 볼 때마다 멋지다고 생각했다. 언젠가는 나도 저들처럼 퇴근 후 달리기로 여가시간을 보내면 좋겠다는 가벼운 생각이었다. 그러다 어느 날, 무작정 한강공원으로 향했다.
그날의 목표는 내가 쉬지 않고 몇 킬로미터를 달릴 수 있는지를 알아보는 것이었다. 엄청 빠르지는 않지만 그렇다고 너무 느리지도 않은 속도로. 누군가와 함께 달리기를 한다면 대화를 나눌 수 있는 정도의 속도이지만 숨이 조금 차오르는 정도의 빠르기로 어림잡으며 달렸다. 그렇게 뛰다가 심장이 터질 것 같아 멈춰 서 스마트 워치의 거리 기록을 확인했다. 내가 달려온 거리는 고작 3킬로미터였다. 나름 꾸준히 운동도 해왔고 심폐지구력도 좋은 편에 속한다고 생각했는데, 3킬로미터는 턱없이 부족하게 느껴졌다. 물론 첫 시도였지만 언젠가는 10킬로미터 대회에 참가할지도 몰랐기에 욕심이 생겼다. 집으로 돌아와 검색창에 '오래달리기 잘하는 방법', '마라톤 연습' 등을 입력하며 한참을 달리기에 대해 생각했다. 긴 거리를 오래 달릴 수 있는 비결은 평소에 꾸준히 오래 달리는 것이라고 모두가 입을 모아 말했다.

그때부터 약속이 없을 때마다 꾸준히 달렸다. 그러자 정말 신기하게도 몸과 근육이 지치는 포인트가 점점 더 늦게 찾아왔다. 달리는 횟수가 많아질수록 내가 달릴 수 있는 거리도 자연스럽게 늘어났다. 달리기뿐만 아니라 다른 어떤 것이든 잘해내고 싶다면 포기하지 않고 꾸준히 오랫동안 하면 된다는 당연한 진리를 또 한 번 경험했다.

그리고 두 달 만에 10킬로미터를 완주해냈고, 해냈다는 마음에 자신감이 생겨 풀코스에도 도전했다. 대회 당일 새벽부터 일어나 대회장으로 향했다. 아직 해도 뜨지 않은 시간, 수만 명이 모여 각자의 방법으로 몸을 풀고 있었다. 달리기를 시작하지도 않았는데 심장이 터질 것 같았다. 대회가 시작되고 출발을 알리는 총소리와 함께 스타트라인 밖으로 뛰어나갔다. 왜인지는 정확히 알 수 없으나, 출발선을 지나는 그때마다 울컥 눈물이 날 것 같았다. 이렇게나 수많은 사람들이 동시에 정해진 길 위를 달리지만 저마다의 속도로, 자신이 낼 수 있는 만큼의 힘으로 각자의 레이스를 펼치는 모습이 꼭 인생 같아서. 우리가 살아가는 삶과 참 많이 닮아 있다는 생각이 들어서.

다른 생각은 접어두고 호흡에 집중했다. 끝까지 포기하지만 말자는 마음으로 달리며 주변을 둘러보았다. 정해진 코스 양 옆으로 많은 사람들이 응원을 보내고 있었다. 그 응원에 힘입어 더 힘차게 땅을 밀고 팔을 흔들며 앞으로 나아갔다. 평소에는 차를 타고 지나던 도로나 한강 다리 위를 직접 내 두 발로 달릴 수 있다는 사실이 정말 매력적이었다.

풀코스 마라톤에는 보통 5킬로미터 거리마다 급수대가 있어서 달리는 중간에 물을 마실 수 있다. 긴 거리를 달리는 마라톤에서는 땀을 많이 흘리기 때문에 수분 보충이 필수다. 지금 당장 목이 마르지 않다고 해서 물을 마시지 않는다면 일정 거리 이상 달렸을 때 탈수 현상이 올 수도 있기 때문이다. 그래서 나도 달리는 중간중간 마주치는 반가운 급수대를 빼놓지 않고 들렀다.

거리가 늘어나면서 더 이상 뛸 수 없을 것만 같은 때가 와도, 내가 멈추지만 않는다면 남은 거리는 어떻게든 조금씩 줄어든다. 매 초, 매 순간마다 '멈출까? 아냐, 달려야 해'의 싸움이다. 지금 당장 멈추면 편안함과 휴식을 바로 얻을 수 있지만, 달려온 거리가 있고 완주를 목표로 한 이상 멈출 수 없다. 마음을 굳게 먹고 다리를 뻗어 앞으로 나아가는 일. 마라톤이 인생과 닮아 있다는 사실을 달리면서 더욱 뼈저리게 느끼고 배운다.

시간은 속절없이 흘러가고 그 안에서 내가 할 수 있는 일에 최선을 다하는 것. 앉으면 눕고 싶고, 누우면 자고 싶고, 잠에서 깨어나면 더 자고 싶은 마음의 연속이지만 그 흐름을 끊고 자리에서 일어나 해야 할 일을 하는 것. 하고 싶은 일을 해내는 것. 달리기를 하며 내가 배운 것들이다.

그렇게 포기하지 않고 끝까지 달려 42.195킬로미터의 거리를 완주하고 피니시 라인을 통과하니 해냈다는 환희와 함께 참고 있던 고통과 아픔이 찾아왔다. 그 자리에 털썩 주저앉아 다리 근육을 푸는 사람들, 누운 채로 숨을 크게 몰아쉬는 사람들, 절뚝거리며 눈물을 훔치는 사람들, 완주의 기쁨에 환하게 웃는 사람들, 서로를 부둥켜안고 토닥이며 격려하는 사람들. 나는 매번 혼자 달렸기에 완주를 해도 반겨주는 이가 없었지만 스스로를 격려하면서 온 마음으로 함께 달린 사람들에게 응원의 마음을 보냈다.

그 힘든 걸 왜 굳이 돈까지 내가면서 달리는 거냐고 묻는 사람에게 나는 이렇게 말하고 싶다.
"뛰어보기 전까지는 알 수 없어요. 오직 달려본 사람만이 알 수 있는 고통과 그 고통을 극복하려는 간절함과 끝끝내 맛보는 기쁨, 결국 목적지에 도착했다는 대견함이 스스로를 더 성장시키거든요. 마라톤을 완주하고 나면 무엇이든 해낼 수 있을 것만 같은 기분이 들어요. 더 강해진 느낌이죠. 그리고 동시에 다시는 풀코스 마라톤을 뛰지 않겠다고 다짐해요. 하지만 그 다짐은 얼마 못가 흐려지고, 다음 대회가 열린다는 소식을 들으면 심장이 빠르게 뛰기 시작하죠. 모집이 시작되는 날, 시간에 맞춰 마라톤 참가를 신청하기 위해 기다리는 스스로가 우습기도 하지만, 그만큼 중독성 있고 보람찬 일이에요. 적어도 제게 마라톤은 그런 의미예요."

다짐

그냥 살기 말고 생각하면서 살기. 좋아하는 일을 하면서 당연하다 생각하지 않기. 감사하기. 해낼 수 있다는 마음 품기. 죽이 되든 밥이 되든 무엇이든 되어보기. 너무 오래 망설이지 않기. 용기 내기. 스스로를 믿어주기. 격려하고 위로하기. 넘어지기, 그리고 다시 일어서기. 삶을 나누기, 마음을 더하기. 결국 아름다워지기.

조금씩 더 나아질 우리에게

어느 한때를 영원히 기억할 수 있게 된다는 건 축복이겠지. 원하는 게 있다면 꿈만 꿀 게 아니라 그 앞까지 다가가 문을 두드려보아야겠지. 안쪽에서 대답이 없다면 '당기시오' 또는 '미시오' 같은 어떠한 안내가 보이지 않아도 벽은 언제나 다른 곳으로 통하는 문이 될 수 있음을 잊지 않기. 얼마나 높게 쌓을지를 고민하는 것보다 얼마나 깊게 뿌리 내릴 수 있을지를 상상하기. 쌓다가 쏟아졌다면 바다처럼 옆으로 넓어지기. 사랑하는 사람을 지킬 수 있을 만큼 단단해지고 또 그만큼 유연해지기. 균형 잡기. 사랑한다고 말할 수 있을 때 사랑한다고 말해주기. 뒤늦은 후회는 덜어내기. 지금보다 조금씩 더 나아질 나와 당신에게. 잘 해내고 있다고 격려하기.

곱게 지은 문장을 드릴게요

어떤 사람이 되고 싶어? 라는 질문에 어렸을 땐 훌륭한 사람이요, 하고 대답했다. 그때는 훌륭하다는 게 어떤 건지도 잘 몰랐으면서. 그저 어른들이 나중에 커서 훌륭한 사람이 되어야 한다고 말했으니까 나도 모르게 그렇게 대답하고 있었다. 시간이 흘러 키가 조금씩 자라면서 나는 '자주' 행복한 사람이 되고 싶었다. 그리고 자연스레 알게 됐다. 어떻게 해야 행복과 나란히 걸을 수 있는지. 나는 스스로에게 언제 행복한지를 자꾸 물었다. 좋아하는 걸 할 때. 내가 좋다고 생각하는 걸 누군가와 나눌 때. 같은 감정을 공유하고 연결되어 있다고 느낄 때. 사람들에게 내가 쓴 문장을 선물했을 때.
그제야, 문장을 선물하는 사람이 결국 훌륭한 사람이라는 걸 알게 됐다.

숲속의 연못

새롭게 사귀게 된 친구들이 종종 나에게 비슷한 말을 했다.
"두열이 너는 알고 지낸지 얼마 되지도 않았는데, 되게 오래된 친구 같을 때가 있어. 대화도 잘 통하고, 그냥 되게 편해."
그런 말을 들을 때마다 나는 내가 사람들에게 좋은 이미지라 다행이라고 생각했다. 사람은 끊임없이 타인에게 자신이 어떤 사람으로 보일지에 대해 궁리하며 인정받으려 노력하는 존재니까.
그러다 하루는 친구나 지인이 아닌, 내 가족인 동생이 나를 어떻게 생각하는지 궁금해졌다. 동생에게 메시지를 보냈다.
"도준아, 형을 생각하면 떠오르는 말이 있어? 단어든, 문장이든."
얼마쯤 지났을까. 답장이 도착했다.

"내가 보는 형은 울창한 숲 한가운데에 있는 맑은 연못 같아. 숲에게 보호도 받고, 자연 속에 있는 동물들이 찾아와서 외롭지도 않은 연못. 폭은 좁은데 아주 깊은, 물이 맑아서 안이 훤히 들여다 보이는 듯 하지만 너무 깊어서 깊이를 가늠할 수 없는. 바위나 돌멩이를 삼키면 그 울림이 숲 전체를 울릴 것 같은 느낌이야, 형은."
평소에 동생도 나에 대해 이렇게 깊게 생각한 적은 없을 텐데. 무심코 던진 질문에 진심을 다해 대답해준 동생에게 고마웠다. 나는 너에게 그런 사람이었구나.

당신은 누군가에게 어떤 사람일까. 지금 떠오르는 사람이 있다면 한 번쯤 물어보자.
"나를 생각하면 떠오르는 말이 있어?"
당신의 가장 아름다운 점들을 발견해줄지도 모른다.

사랑의 의미

결혼 정말 축하해요. 결혼은 두 사람이 서로의 시간을 지켜주겠다는 약속이에요. 내가 이 사람을 위해 헌신하고 희생하면서 더 나은 사람이 되겠다는 다짐이기도 할 것이고, 이 사람을 위해서라면 어떤 모습으로라도 변할 수 있다는 무모함이기도 할 거예요. 그런데 사실 많이 변하지 않을 거예요. 지금보다 많은 것이 바뀌지 않을 거예요. 그럼에도 그곳에 계속 같이 있는 것. 그게 사랑이에요. 저도 결혼을 했지만, 오늘 여기 결혼식장에 오기 전까지 몇 번이나 혼났을 것 같아요? 다섯 번 정도 혼난 것 같아요. 머리는 왜 그쪽으로 넘겼냐, 옷은 왜 그걸 입었냐, 손톱은 왜 안 깎았냐… 근데 상대가 조금 틀린 것 같아도, 맞다고 해줘야 해요. 같은 편이 되어야 해요. 그 시간이 쌓일 거예요. 그럼 그 시간이 두 사람을 지켜줄 거예요. 평범한 보통의 아름다움은 그런 거예요.

이제 막 결혼을 선언한 이들을 위한 축사가 끝나고, 앞으로 그런 사랑을 하게 될 친구를 보며 나는 마지막까지 힘껏 박수를 쳤다.
거기에, 그곳에 계속 같이 있는 것이 사랑.
지금보다 더 나아질 거라는 믿음으로, 함께 하는 것이 사랑.
마음 속으로 사랑의 의미를 곱씹으면서.

내가 진짜로 원하는 것

사람들은 마음속에 간절히 이루고 싶은 꿈을 품고 있으면서도 누군가 꿈이 무엇이냐고 물어보면 겉보기에 그럴듯해 보이는 것을 이야기하곤 한다. 돌아보면 나부터도 그랬다.
"두열 씨는 꿈이 뭐예요?"
"저는 체육 선생님이 되는 거요. 어릴 때부터 오랫동안 꿈꿔온 직업이거든요. 학기 중엔 아이들과 함께 뛰어 놀고, 방학이 되면 해외여행도 다니면서 지내고 싶어요. 그러다 사랑하는 사람을 만나서 가정을 이루고 오래오래 건강하고 행복하게 살고 싶어요."
"좋다, 두열 씨는 왠지 그렇게 살 것 같아. 이미 충분히 잘하고 있잖아. 응원해요!"

사실 내 마음속에 묻어둔 답은 이랬다.

"사실 아직 잘 모르겠어요. 하고 싶은 일은 많은데… 그 일들을 하면서 생계를 꾸려나갈 수 있을지도 모르겠고, 사랑하는 사람을 만나서 결혼도 하고 아이도 낳고 행복하게 살고 싶은데, 또 하고 싶은 일만 하면서 살아서는 돈을 많이 벌 수 있을지 모르겠고, 안정적이지 않은 직업을 갖게 된다면 함께 살아야 하는 사람이 불안해할 수도 있고, 미래를 그리기엔 불명확한 무언가가 있는 것 같다고 느껴져요. 대부분 안정적이고 미래가 보장된 사람과 앞으로의 시간을 함께 보내고 싶은 게 당연하니까요. 그래도 저는 좋아하는 일을 정말 열심히 잘 해내면, 사랑하는 사람에게 믿음도 줄 수 있고 금전적인 부분도 차곡차곡 채워가면서 안정적인 가정을 꾸리고 아이들에게 좋은 아빠가 되어줄 수 있다고 믿어요. 부모님에게는 멋진 아들. 동생들에게는 멋진 형, 오빠가 되고 싶어요. 그리고 가장 중요한 건, 제가 사랑하는 사람이 저를 믿어줬으면 좋겠어요. 그거면 뭐든 다 해낼 수 있을 것 같아요."

정말 하고 싶은 일, 해내고 싶은 것이 있음에도 입밖으로 내는 순간 타인의 시선과 사회적 인정 같은, 어찌 보면 내게 그리 중요치 않은 것들을 고려하느라 당당하지 못했다. 창피해서였을까. 부끄러워서였을까. 나조차도 꿈을 이룰 수 있을지 없을지 모른다는 불확실한 감정 때문에 자신이 없었던 걸까.

10년 전의 나는 어떤 꿈을 꾸고 있었나. 거울 앞에 서서 지금의 내 모습을 바라보며 스스로에게 묻는다.
'우리, 어떻게 살고 싶어 했더라? 지금 가고 있는 방향, 괜찮은 거 맞지?'
다시 거울 속에 있는 나를 보며 고개를 끄덕인다.
'응, 맞아. 맞게 가고 있어. 그러니 포기하지 말고 꾸준히 해. 멈추지 않으면 결국엔 도착한다. 알지? 잘하고 있어. 파이팅!'
꿈은 도착해야 하는 지점이 아니라, 그곳으로 가기까지의 여정이다. 과정 속에서 경험하고 배운 것들을 흡수하고 느끼며 흘러가는 시간을 온전하게 만끽하는 것이다.

쓰는 이의 고통이 읽는 이의 행복이 될 때까지

이외수,《완전변태》속 작가의 말. 스물한 살, 군대에서 우연히 읽고 한 문장을 발견했다.

"쓰는 이의 고통이, 읽는 이의 행복이 될 때까지."

그때의 나는 쓰는 사람보다 읽는 사람에 가까웠다. 그분의 글을 읽으며 종종 행복하다고 느낄 수 있었던 건 그 삶의 고된 시간이 응축된 문장을 읽었기 때문이리라.

10여 년의 시간이 흐른 지금의 나는 쓰는 사람이 되었고, 늦었지만 작가님의 말을 어느 정도 공감할 수 있게 됐다.

내가 고민하고 경험했던 시간을 응축해서 써 내려가는 문장이 읽는 이에게 행복이 되기를. 그리고 쓰는 사람과 읽는 사람의 역할이 끊임없이 바뀌고 변하면서 모두가 고통과 행복을 함께 누리는 사람이 되기를.

어느 젊은 예술가에게

꼭 무엇이 되지 않더라도 너는 너야.
존재가치는 누군가 정해주는 것이 아니야.
존재함으로써 증명돼.
그러니까 내가 하고 싶은 말은
그저 존재만 해도 괜찮은 거라고.
나는 네가 어느 곳에 있든지
자주 기쁜 시간들을 보내길 바라.
조금만 아프고 조금만 힘들자.
그리고 더없이 기쁘고 더없이 행복하자.
존재해줘서 고마워.

내 마음의 방

우리는 종종 사람의 마음을 방에 비유한다. 방이 몇 개인지, 방 안에는 무엇이 들어 있는지, 빈 방이 있다면 앞으로 어떤 것들로 채워갈지를 생각해보려는 마음 때문일까.

내 안에는 몇 개의 방이, 어떤 방이 있을까? 가족을 생각하는 방. 친구들이 있는 방. 직장 동료들이 있는 방. 미워하는 사람들을 모아둔 방. 보고 싶은 사람들이 모인 방. 이제 다시는 만날 수 없는 얼굴들이 모여 있는 방. 나의 어린 시절을 모아둔 방. 들키고 싶지 않은 것들을 꽁꽁 숨겨둔 방. 너무 오래 방치해서 무엇이 들어 있는지 잊어버린 방. 비밀번호가 기억나지 않는 방. 빈 방. 내 안에 있지만 나도 열어볼 수 없도록 안쪽에서 잠겨 있는 방.

단순히 내가 좋아하는 방과 싫어하는 방으로 나눌 수도 있겠지만, 그 모든 방이 결국 나를 이루고 있다는 사실을 인정해야 한다. 싫어도, 부정하고 싶어도 그 모든 것이 결국 '나'라는 것을 잊지 않는 태도. 내 안에 있는 모든 방을 합치면 넓은 집이 될 거라고 생각했으나, 이제 보니 어쩌면 단칸방을 아주 좁게 나누어 쓰고 있는지도 모르겠다.

내 안에 있는 모든 것은 좋든 싫든 결국 나의 일부이자 전부이기에 아끼고 보살펴주자. 스스로에게 자주 질문을 던지고 그 물음에 답해주자. 처음엔 막연하다가도 시간이 흐르면서 조금씩 명확해지고 분명해지는 것들이 생길 테니까. 그렇게 생긴 확신을 사랑으로 바꾸어주자는 말이다.

애쓰지 않고 자유롭게

빗줄기가 점점 거세지면서 신발이 젖기 시작했다.
어떻게든 물웅덩이를 밟지 않으려고 애쓰다가 소용없다는 사실을 인정하고 첨벙첨벙 발걸음을 옮겼다. 이미 젖은 이상, 더는 비가 두렵지 않았다.
해보지 않아서 두려운 것들의 대부분은 막상 해보면 별거 아닌 경우가 많았다. 흠뻑 젖어버리자. 물장구를 치고 두 팔을 벌려 거세게 쏟아지는 비를 온몸으로 받아내자. 그때만 느낄 수 있는 자유로움을 위해.

끌끌끌

한 친구가 자신이 아끼는 친구를 소개해줬다. 글을 쓰고 디자인을 하는 친구라고 했다. 나이는 우리보다 많지만 우리와 하는 일이 비슷하고 좋아하는 것까지 비슷하니까 우리와 친구나 다름없다고 했다. 새로 알게 된 친구는 오랜 시간 육아를 하다가 얼마 전에 다니던 회사로 복직을 했다. 복직과 동시에 회사 내부에서 새롭게 진행하는 팟캐스트 진행을 맡게 되었다고도 했다. 목소리로 사람들에게 마음과 정보를 전달하는 일이 꽤 멋져 보였다. 그 친구는 나와 딱 한 번 만난 사이임에도 첫 만남의 기억이 정말 좋았다며 나에게 팟캐스트 호스트 자리를 제안했다. 그런데 팟캐스트의 녹음 시간이 회사 근무 시간과 겹쳐서, 고맙지만 참여가 어려울 것 같다고 말했다. 친구는 아쉬운 마음에 파일럿으로 처음 한 달만이라도 함께해볼 수 있는지 회사에 문의해보겠다고 했다. 얼마 지나지 않아 답장이 왔다.

"연락이 늦어서 미안해요. 내부 논의 결과 파일럿 프로그램이라도 고정이 될 경우 쭈욱 함께 할 분을 찾고 있어서 두열 씨에게 제안했던 팟캐스트 진행은 어렵게 되었어요. 빙그레 바나나 우유는 제가 신입사원 시절부터 일이 안 풀리면 찾는 응원의 아이템인데, 응원은 아니지만… 두열 씨가 시간 내서 답변해준 고마움에 대한 작은 감사의 표현이에요. 바나나 우유를 쪽쪽 빨고 회사 근처 동네를 걸어 다니며 훌쩍이던 신입사원 시절, 끌끌끌 우유가 바닥을 보이면 왠지 다시 잘해볼 수 있을 것 같은 용기가 나던 기억이 있네요. 비는 내리지만 화창한 하루 보내세요."

장문의 메시지와 함께 빙그레 바나나 우유 두 개가 도착했다. 운 좋게 찾아온 기회가 아쉽게 무산됐다. 그렇지만 한 번 생긴 자국은 쉽게 지워지지 않는 법. 꾸준히 차근차근 지금처럼 좋아하는 것들을 계속해서 하다 보면, 언젠가 또 기회가 찾아오겠지. 뚜벅뚜벅 걸었을 뿐인데 어느새 내 앞에 기회가 서 있을지도 모르는 일이고.

욕심도 나고 잘 해낼 수 있을 것 같았지만 인생은 한 치 앞도 알 수 없는 거니 괜찮다. 내가 좋아하는 '우연이 인연이 된' 사람이 나를 잊지 않고 연락해주었다는 것에 감사할 뿐이었다. 오랜만의 복직 이후 첫 업무에서 파트너를 구하는데 나를 떠올려주었다니. 누군가에게 문득 떠오르는 사람이 된다는 건 정말 값지고 소중한 일이라는 걸 알기에 더 감사했다. 이젠 바나나 우유에 빨대를 꽂아 쭈욱 마시고 마지막에 '끌끌끌' 하는 소리를 들을 때마다 한 사람이 떠오를 것이다. 그와 동시에 나도 다시, 잘해볼 수 있는 용기가 생기겠지.

선물 받은 빙그레 바나나 우유에는 이렇게 적혀 있었다.

'단지 _____할 용기'

나는 비어 있는 칸을 '다시 시작'으로 채웠다.

무너진 김에 옆으로 넓어지자

누군가 "요즘 어때?" 하고 물으면, "나? 아주 좋아." 하고 기분 좋게 답해. 사실 전부 좋지는 않아. 오래 꿈꿔온 일을 제대로 해보지도 못하고, 원하는 것들을 높게 쌓으려다가 와르르 무너졌거든. 부끄럽고 창피했지만 무너진 김에 옆으로 넓어지기로 했어. 바다처럼 말이야. 그랬더니 무슨 일이 일어난 줄 알아? 하고 싶었던 일들을 할 수 있는 기회가 생긴 거야. 우연일까, 운명일까. 정말 신기하지. 아닌 척, 잊은 척 했었지만 단 한 번도 생각하지 않은 적이 없었거든.
네가 물었잖아. 어떻게 그렇게까지 할 수 있냐고. 내가 할 수 있는 말은 많지 않았어. 그냥 했어, 좋아서. 좋아하니까 하게 되던데? 그 말에 너는 웃었지. 가만히 생각해봐. 좋아한다는 건 단순한 거야. 별다른 사건 없이도 계속 생각나는 거. 무언

갈 하는 상상만으로도 행복해지는 거. 좋아하는 일을 하는 내 모습이 너무 좋은 거 있잖아.

너는 뭘 좋아해? 좋아하는 걸 좋아한다고 말해본 적 있어? 좋아서, 너무 좋아서 막 미칠 것 같은 게 있었냐고. 있었는데 마음처럼 잘 안됐다고? 그럼 우리 무너진 김에 바다처럼 넓어져볼까? 우연을 가장한 기회가 너를 또 찾아올지도 몰라. 아니 분명히 찾아올 거야. 조금 늦더라도 반드시 찾아오더라고. 그 일을 계속 좋아하면 말이야.

구하는 일에 대하여

슬픔에 빠진 사람을 구하고 싶다면, 그 슬픔 안으로 들어가야 해. 물에 빠진 사람을 구하려면 물속에 뛰어들어야 하는 것처럼. 어쩌면 끝일지도 모르는 시간의 경계로 다가가 손을 내밀어 잡아야 해. 그리고 잡혀야 해.

물속에 빠진 사람을 건져내는 일은 슬픔에 빠진 사람을 구해내는 일처럼 간절하지. 함께 슬펐다가, 마치 죽을 것처럼 첨벙첨벙 허우적거리다가, 있는 힘껏 어찌할 줄 모르다가도 뭍으로 나와 가쁘게 숨을 몰아쉬며 "살았다. 이제 살았으니, 살아내자." 무심코 이야기하는 일일 거야.

손을 건넨다는 건, 구한다는 건 그런 걸 거야.

가볍게 시작하는 마음

경험은 곧 재산이라고 믿었다. 20대에는 무언가를 새롭게 배우고 싶거나 하고 싶은 것이 생기면 주저하지 않고 바로 실행에 옮겼다. 잘 몰라도 일단 도전했다. 그러다 나이를 먹으며 자연스레 기회비용을 생각했다. 집도 사고 싶고, 자동차도 갖고 싶고, 사랑하는 사람과 결혼도 하려면 돈을 아껴야겠다는 생각이 앞섰다. 원하는 것이 생길 때마다 대책 없이 돈과 시간을 써버리면 다음 달에는 어김없이 절약할 수밖에 없었으니까. 버는 돈은 한정적이고, 고정 지출 이외에 매달 넣어야 하는 적금이나 경조사비를 생각하면 예전처럼 하고 싶다고 해서 바로 행동으로 옮길 수가 없었다. 열심히 일한 스스로를 위해 여행이라도 떠나 보상을 해주고 싶은 마음도 조금씩 희미해졌다. 자연스러운 일이지만 이전의 나를 잃게 되는 것만 같아 속상하고 두려운 마음도 컸다.

돈을 벌기 시작하면서 미래를 위해 조금만 참고 다음에, 이다음에 하고 미루는 게 버릇이 됐다. '지금'이라는 시간이 언제까지 주어질지도 모르면서. 준비를 한다고 해서 완벽하게 준비가 되는 게 아니라는 걸 알면서. 돌아보니 완벽이라는 단어가 주는 부담 때문에 시작조차 하지 못했던 날들이 아쉬웠다. 지금 흘러가면 다시는 돌아오지 않는 시간을 더 잘 살아내고 싶은 열망이 커지면서 조금 더 가벼운 마음으로 시작해보자고 스스로를 다독였다. 어차피 완벽할 수 없고, 완벽할 필요도 없으니까. 작고 미약하지만 시작을 한 것만으로도 충분히 대견하고 멋진 일이라고 스스로를 응원하면서.

처음 러닝을 시작하는 사람이 42.195킬로미터를 쉬지 않고 달릴 수는 없다. 완주를 하고 싶다면 차근차근 달리는 거리를 늘려가면 된다. 그러니 나 역시 1킬로미터부터 가볍게 달리는 마음으로 자주 시작해야지. 어차피 완벽할 수 없고, 완벽할 필요도 없다.

1분
___

지난겨울, 친구에게 기쁜 소식을 전해 들었다. 조금 늦긴 했지만 마침내 꿈을 이루게 되었다며 들뜬 목소리였다. 나도 덩달아 기뻤다. 오랫동안 승무원을 꿈꿔왔으면서도 너무나 소중한 꿈이라 한 번도 입밖에 내지 않았던 친구였다. 꿈을 이루었다고 자신 있게 말할 수 있다니. 꿈을 이룬 사람이 바로 내 앞에 앉아 있다니. 그 이야기를 듣는 것만으로도 내가 뭐라도 이룰 수 있을 것만 같은 기분에 휩싸였다. 그 후로 친구는 종종 비행을 앞두고 '도착하면 연락할게!'라는 메시지를 보내왔다.

여느 때와 같은 날이었다. 지금쯤 하늘을 날고 있을 친구에게 메시지가 왔다.

"나야, 메시지 잘 갔어? 기내에서 1분 동안만 쓸 수 있는 와이파이인데 메시지 보내봤어!"
컴퓨터 앞에 앉아 있던 나는 갑작스레 도착한 메시지에 놀라 허겁지겁 반가운 마음으로 답장을 썼다.
"나 여기 있어! 지금 하늘을 날고 있겠구나. 1분 와이파이 딱 한 번 쓸 수 있다고 하지 않았어? 나에게 사용해주다니, 고마워. 이제 곧 1분이 끝나겠네. 남은 비행도 무사히 마치고, 도착하면 연락해, 안녕!"

단 1분이라는 시간을 나에게 써줬다는 사실이 얼마나 고맙던지. 시간을 쓰는 일은 곧 생명을 쓰는 일과 다름없다. 누군가는 억지라고 말할지 모르지만, 우리는 유한한 인생을 살아가면서 매 순간 어디에 시간을 쓸지 선택해야 한다. 그러니 누군가에게 시간과 마음을 쓰기로 했다는 것은 곧 생명을 쓰겠다는 것과 마찬가지다.

만약 당신에게 하늘에서 단 1분의 시간이 주어진다면, 누구에게 어떤 말을 남기게 될까?

나는 누구에게 어떤 말로 안부를 전하게 될까.

우리의 마지막은 언제가 될 지 알 수 없으니, 꼭 하고 싶은 말이 있다면 머뭇거리지 말고 지금 해보자.

시간을 쓰는 것은 생명을 쓰는 것이고, 진심은 반드시 전해지니까.

하자

새롭게 시작하는 무언가가 있을 거야.
잘하고 싶을 거고, 멋지게 잘 해내고 싶을 거야.
남들처럼 능수능란하게, 이 정도쯤이야 아무것도 아니라는
걸 보여주고 싶을 만큼.
그렇지만 명심해.
'잘'하려고 하는 마음은 중요하지만
'잘'하려는 그 생각 때문에
결국 '잘'못하게 된다는 것을.
'잘'이라는 글자를 빼고 생각해봐.

그냥 해. 그냥 하는 거야.
잘하지 말고, 그냥 하자.

잘해내자, 말고 그냥 해내자.
그럼 몸도 마음도 지금보다 더 가뿐해질 테니까.

실패에 익숙해지기

스스로에게 실패할 수 있는 기회를 주자.
일단 무엇이든 시작을 하면 과정이 있고
그 끝엔 실패와 성공이 기다리고 있다.

경험을 자세히 들여다보면 그 안에는 무수히 많은 실패가 존재한다. 내가 결심한 것을 하는 데까지 해보고 안 되면 나는 실패를 한 사람이 된다. 그런데 아무것도 하지 않았다면, 아무것도 하지 않은 사람이 된다. 아무것도 하지 않은 사람보다는 일단 시작해서 실패한 쪽이 더 낫다. 시작하겠다는 약속을 지켜낸 사람이 되는 것이니까. 마침내 목표한 것을 이루었을 때, 나는 그간 쌓아온 실패를 다르게 부르고 싶다. 나는 매일 성공한 것이라고. 성공 위에 실패라는 이름을 잠시 덮어씌웠을 뿐. 될 때까지 시도한 것만으로도 우리는 매번 성공한 사람이 되는 것이다.

그렇게 시작해야 한다. 부족해도, 부족하니까. 여러 번 실패해야 잘할 수 있게 된다. 처음부터 잘하는 사람은 없다.

잘하는 사람이 부러운 것은 당연하다. 내가 잘하고 싶어 하는 걸 누군가는 이미 잘하고 있으니까. 그렇지만 그 사람도 처음부터 잘하지 않았다는 것을 잊지 말자. 그렇게 되기까지 무수히 많은, 보이지 않는 실패들이 있었을 것이다.

잘하는 사람이 되려면, 일단 시작해야 한다. 그리고 시작한 것을 멈추지 않고 오래 하면 된다. 실패에 익숙해지면 언젠가 잘하게 되고야 만다. 그 작은 실패들이 모두 모이면 커다란 성공이 되고야 만다.

어떤 꿈

어떤 꿈은 이뤄지고 나서야,
그것이 내가 원하는 것이었다고 뒤늦게 알아차린다.

제4장

**이 이야기의
주인공**

이 이야기의 주인공

아직 멀었다는 건 반대로 말하면 가닿을 수 있다는 이야기. 멈추지 않고 서두르지 않으면 결국엔 가까워져 도착할 수도 있다는 이야기. 지금은 환하게 웃고 있어도 눈물을 흘리는 날도 올 거라는 이야기. 흘린 눈물만큼. 사람은 딱 그만큼만 성장한다는 이야기. 이야기를 모아 더 먼 곳까지 가는 동안 연료로 태워 사용한다는 이야기. 그리하여 결국엔 오래오래 행복하게 살았습니다-로 끝나는 이야기.

이 이야기의 주인공은 언제나 네가 된다는 이야기.

사랑은

같이 걷는 길 앞에 움푹 파인 곳이 있다면 손을 잡으며 조심하라고 말해주는 거야. 눈을 자주 마주치면서 눈빛을 확인하는 거야. 사랑은 사람을 변화시키니까. 사는 동안 우리의 걸음이 조금씩 느려지고 시간은 점점 더 빠르게 흐르더라도 사랑하는 상대방을 기다려주고 안아주는 거야. 서두르지 않고 묵묵히 바라보는 거야. 도움이 필요하다고 요청하기 전에 미리 알아차리고 도와주는 거야. 관심이 있어야만 가능한 일이니까. 사랑은 사랑한다고 말해주고 표현하는 거야. 잠은 잘 잤는지, 밥은 챙겨 먹었는지. 아픈 곳이나 불편한 곳은 없는지. 계속해서 궁금하고 확인하고 싶어지는 거야. 상대의 편안함이 곧 나의 편함이 되는 것. 의식보다 무의식에 가까운 것. 조건보다 무조건을 닮아 있는 것. 말해주지 않아도 지금

이건 '사랑'이 아니고서 이럴 수는 없겠다 싶을 정도로 이렇기만 한 것. 체온과 온기를, 기분을 나누고 꼬옥 안아주는 것. 사랑은 세상에서 가장 크고 넓은 것. 그리하여 사랑은 모든 것을 덮을 만큼 위대하고 아름다운 것. 사랑은 사랑한다고 말하지 않고도 느낄 수 있게 해주는 것.

꽃인 줄도 모르고

능소화는 업신여길 능, 하늘 소 자를 쓴다. 하늘을 업신여긴다는 뜻을 가진 꽃. 꽃을 꽃이라 이름 붙인 사람은 처음에 꽃이 꽃인 줄 알았을까. 얼마 전 우연히 이런 문장을 보았다. '왜 젊었을 땐 꽃 향기를 맡지 못했을까요?'라는 배철수 님의 질문에 '지들이 꽃이니까요.'라는 양희은 님의 답이었다. 그 말이 어쩐지 멋졌다.

우리는 모두 저마다의 향을 지닌 한 떨기의 꽃. 아름다운 꽃. 피어나는 시기도 모습도 다른 어여쁜 꽃. 조금 늦게 피는 꽃이라고 해서 멋과 향이 덜하지 않은 꽃. 활짝 피어나길 기다리면서 기다리는 동안마저도 아름다운 우리는 모두 향기로운 꽃. 지난 여름에도 능소화를 보면서 "아름답다"고 분명 소리 내어 말했던 것 같은데. 그땐 나도 내가 꽃인 줄 몰랐다.

나의 것

내 마음은 내 것이니까, 어느 누구도 함부로 침범하도록 가만히 보고 있으면 안 돼. 내가 한 경험들은 자연스레 쌓이게 되고 결국 우리는 스스로 얻어낸 색으로만 내 마음을 물들일 수 있지. 어떤 색으로 칠하고 싶은지를, 그래서 어떤 그림을 그리고 싶은지를 결정할 수 있다는 말이기도 하지. 원한 적도 없는데, 누군가 내 마음에 함부로 선을 긋고 색을 칠한다고 생각해봐. 누구도 함부로 나의 마음에 그들의 색을 덧입힐 수 없어. 그렇게 되도록 가만히 두지 마. 허락하지 마. 내 마음은 나의 것이니까. 너를, 마음을 지켜. 네가 원하는 색으로 네 마음 위에 멋진 그림을 그려내길 바라. 오직 너만의 색으로 아름답게 물들이길 바라.

첫 사람

우리는 깊이를 가늠할 수 없을 때 두려움을 느낀다. 그 깊이를 알아내기 위해서는 온몸을 내던져야 하기 때문이다. 해보지 않은 일. 아직 경험한 적 없는 미지의 세계. 알 수 없음. 그 막막함이 우리의 상상력을 먹고 더욱 커지기 때문에 우리는 처음 앞에서 주저하며 망설이게 된다.

세상 모든 일은 해보기 전까지 두렵고 무섭지만, 막상 부딪혀보면 별것 아닌 경우가 많다. 미지의 실체를 맞닥뜨려 삶의 다양한 경험치를 쌓기 위해 매일을 견디며 살아가는 사람들. 나는 내가 머뭇거리는 사람들 사이에서 언제나 먼저 한 걸음 내딛는 사람이면 좋겠다.

강연장에서 종종 목격하는 장면이 있다. "질문 있는 사람 손

들어주세요."라는 말에 조용해지는 객석과 주변을 두리번거리며 누군가 한 명쯤은 나보다 먼저 질문해주기를 바라는 얼굴들. 첫 번째가 되어 같은 공간에 있는 모든 사람들의 주목을 받기보다는 누군가의 다음으로, 처음만 아니면 된다는 생각으로 기다리고 기다리는 모습. 그러다 누군가 용기를 내어 처음으로 손을 들면 사람들의 고개는 일제히 그 사람에게 쏠리고, 이제야 긴장한 얼굴들이 한결 풀어진다.

첫 번째 질문에 대한 답변이 끝나고 나면 갑자기 약속이나 한 것처럼 사람들은 하나둘씩 손을 들고 질문을 시작한다. 상황은 언제나 비슷하게 흐른다. 시간이 흐를수록 강연장 안의 분위기는 더욱 고조되고, 행사가 끝에 가까워지면서 "마지막 한 분만 더 질문 받을게요."라는 말이 끝나기 무섭게 단단한 땅을 뚫고 우후죽순 새싹이 돋아나듯 여기저기서 손을 든다.

처음만 어렵다. 그 처음은 항상 아주 잠깐의 순간이다. 눈 딱 감고 용기를 내면, 엄청나게 느껴지던 일도 별것 아닌 게 되어버린다. 그걸 경험한 사람만이, 매번 처음이라는 귀한 순간을 쟁취하게 된다. 처음을 마주하는 사람. 첫 사랑 말고 첫 사람. 나는 그게 나였으면, 또 당신이었으면 좋겠다. 그 첫 사람이 우리가 되었으면 좋겠다.

나에게 해주는 말

하고 싶은 거 하면서 살았으면 좋겠어.
하고 싶은 거 하면서 살아도 돼.

혹시 누가 말린다고 하더라도,
그 사람을 믿지 않았으면 좋겠어.
말리는 사람이 아무도 없다면, 스스로를 믿어봐.

그 사람은 당신이 아니니까.
그 사람은 당신을 모르니까.
설령 '내가 널 잘 알지'라고 말하면 그건 거짓말이다.
나도 나를 잘 모를 때가 많은데, 그 사람은 도대체 날 어떻게 안다는 거지.

말도 안 되는 말은 듣지 않기.
말 같은 말에 대해서 생각하기.

내 안에서 피어나는 말을, 나 스스로에게 해주고 싶은 말을 해주기. 누군가에게 꼭 듣고 싶었던 말이 있다면 기다리지 말고 내가 나에게 해주기.

___ 두려움을 없애는 방법

가끔 생각한다. 아직 도전해보지 않은 것들에 대해서.
'아직'이라는 말에는 '앞으로' 할 수도 있다는 가능성이 담겨 있다. 그렇기에 아직 걸어보지 않은 길은, 앞으로 걷게 될 수도 있는 길이 된다.

하지만 직접 걸어보지 않은 길은 정확히 알 수 없는 법.
정확히 알 수 없는, 미지의 영역 앞에서 인간은 두려움을 느낀다. 그 두려움을 없앨 수 있는 방법은 단 하나뿐이다. 이미 그 길을 다녀온 사람의 이야기를 듣는 것.

하지만 그것으론 부족하다. 직접 부딪혀서 현실을 마주하는 것. 그것만이 내 안에 있는 두려움을 사라지게 할 수 있는 가장 확실하고도 유일한 방법이다.

알 수 없는 미래가 두려운 것은 모두 마찬가지다. 약간의 용기와 한 발짝만 더 앞으로 내딛으려는 시도, 도전. 그것만이 우리를 한뼘 더 성장시킨다.

두려움을 마주하는 것에서부터 성장은 시작된다.

아름답고 자연스러운

아름답다는 말에서 아름은 '나'를 뜻하고 자연스럽다는 말에서 자연은 '스스로 틀림이 없다'는 의미이다. 살다 보면 때론 불공평하다고 느껴지기도 하고 억울하기도 한 순간들이 분명 찾아올 것이다. 그럼에도 바꿀 수 없는 것을 바꾸려 하기보다 있는 그대로를 받아들이는 연습을 하다보면 우리는 결국 나답고, 스스로 틀림이 없는 사람이 될 것이다. 아름답고 자연스러운 사람이.

미완성

거의 다 왔어요
오래 걸렸다고 생각했는데
금방이네요
끝은 또 다른 시작이라는데
그 시작은 지금도 할 수 있어요
우리 끝을 기다리지 말아요
하루 그리고 이틀
매일이 쌓여도 고작 오늘이겠죠
미 완 성
자세히 들여다보니
앞에 이 한 글자가 빠져 있더군요
'이'미완성

어때요?

거의 다 왔다고 생각했는데

이미 도착해 있었다는 사실이.

Love wins

해결해야 할 문제들과 내가 어쩌지 않아도 기어코 일어나는 일들. 그것들 앞에서 나는 가끔씩 숨이 턱 막힌다. 그럼에도 아랑곳 않고 천천히 자기만의 속도로 내려 하얗게 쌓인 눈을 보면서 괜찮다고 다독이며 매일을 지나고 있다. '괜찮아, 괜찮아.' 하고 혼잣말을 중얼거리다 보면 정말 괜찮아지기도 하니까. 앞으로 무엇을 포기하고 어떤 것을 지켜야 하는지에 대해서도 더 자주 고민한다. 나이를 먹고 어른이 되면서 자연스럽게 맞이하게 되는 감정일까. 이 세상은 내가 원하는 대로 되지 않는다는 것을 알고는 있었지만 그래도 악이 선을 이겨서는 안 되는 거 아닌가. 그건 생각할수록 너무 속상한 일이 아닌가. 사랑은 모든 것을 다 이긴다고 하던데. 왜 내가 목격하는 사랑은 자꾸 세상에게 지는 걸까. 더 많은 사랑이 모여 사랑이 모든 걸 이겨줬으면 좋겠다. 다 이기고 나서 사랑이 내게 와 말해줬으면 좋겠다. '다 이겼어, 아니 다 이겨냈어. 이제 너무 걱정하지 않아도 돼.' 하고.

내가 고르는 행복

오만 원짜리 경험과 천만 원짜리 경험은 차이가 날 수밖에 없지. 그건 누가 금액을 정해둔 거니까. 얼마를 지불하느냐에 따라 다른 것을 얻게 되니까.

그렇지만 오만 원짜리 행복과 천만 원짜리 행복이 따로 있는 게 아니야. 행복은 그렇게 돈으로 환산할 수 있는 개념이 아니거든.

네가 어디에 있든, 지금 행복하기로 마음먹으면 행복할 수 있는 것. 그게 행복이야. 행복은 선택이야.

우리들의 사랑은 실패하지 않는다

사랑은 실체가 없을지라도 실존한다.
사랑하는 사람을 소중히 여기는 마음도. 다시는 만날 수 없는 사이가 되어도 언제까지나 그리워하는 마음도. 모두 사랑에서 비롯되어 영원을 버텨낸다. 사랑을 한마디로 정의할 수 없는 이유는 우리 모두가 저마다의 사랑을 해내고 있기 때문이다. 그저, 하는 것만으로도 환해지는 건 아름답기 때문에.
우리들의 사랑은 실패하지 않는다.

꾸준히 될 때까지

메마른 땅에 많은 물을 들이붓는다고 해서 그곳에 거대한 바오밥나무가 자랄 일은 없다. 땅을 찾았다면 그곳에 심을 씨앗을 찾아야 하고, 씨앗을 발견했다면 그 씨앗을 땅 속에 심어야 한다. 사람들은 튼튼한 뿌리보다 화려한 꽃과 열매를 기대한다. 빠르게 변화하는 세상에 맞서기 위해서는 그럴 수밖에 없다면서. 현실이라는 파도에 올라타려면 어쩔 수 없다는 말을 하면서. 하지만 그건 기둥도 없이 성을 짓겠다는 말과 다르지 않다.

나는 정말 하고 싶은 게 있을 때, 마음 밭에 그 생각을 심어본다. 그리고 자주 그 마음을 들여다본다. 내가 정말 무엇을 하고 싶은지, 그것으로 어떤 사람이 되고 싶은지, 어떻게 살고 싶은지를 생각하고 또 생각한다. 누가 정해주는 것이 아닌,

스스로 정말 간절히 원해서 하고 싶은 것. 그걸 찾는다. 찾았다면 이제 단 한 가지만 남았다.

꾸준히 하는 것. 될 때까지 하는 것.

언젠가 어느 독자가 나에게 물었다. "작가님은 인생의 좌우명이 무엇인가요?"
나는 답했다. "항상 품고 사는 마음이 있어요. 인생은 나이키로 시작해서 아디다스로 끝난다. 나이키의 슬로건은 'Just do it'이에요. 아디다스는 'Impossible is nothing'이고요. 간단해요. 일단 해요. 그럼 불가능은 없는 거에요. 하지 않았기 때문에 이루어지지 않는 거죠. 해낸 사람들은 끝까지 했기 때문에 결국 해낼 수 있었다고 생각해요. 될 때까지 한 거죠. 그러니까 중요한 건 일단 시도 자체를 했다는 거에요. 그 마음으로 저도 힘든 일이 있거나, 도저히 해낼 수 없을 것 같다는 생각이 들 때면 그냥, 하는 겁니다. 그럼 어떻게든 된다는 걸 이제는 알아요."
나는 여전히 너무 두렵고 힘들고 포기하고 싶은 순간이 올 때마다, 이 문장을 떠올린다.

인생은 나이키로 시작해서 아디다스로 끝난다.

Just do it, Impossible is nothing.

결핍

결핍은 완전함의 반대말이 아니다.
결핍은 부족하다는 말과도 어울리지 않는다.
오히려 내가 지금 얼마나 많이 가지고 있는지를
반대로 돌아볼 수 있게 해주는 상태다.
다 써서 사라진 것도,
있어야 할 것이 없어지거나 모자란 것도 아닌,
이미 가진 것에 대해 생각해볼 수 있는 시간.
애초에 가지고 있지 않았다면
결핍은 있을 수 없는 것
갖지 못한 것에 대해 생각하는 것보다
가진 것에 대한 감사를 느낄 수 있는 기회다.

유한한 시간에 대하여

사람들은 영원히 살 것처럼 지금을 낭비한다. 단 한 번뿐인 시간을. 다시는 돌아오지 않을 순간을 중요하게 여기지 않고 다가올 나중만을 기대한 채, 소중한 지금을 자꾸만 흘려보낸다. 많은 사람들이 날카롭고 뾰족해지는 데 열과 성을 다하지만, 그렇다고 나까지 뾰족해질 필요는 없다. 조금 뭉툭하더라도 우리에게 주어진 시간을 충분히 쓰고 기록하면서 살면 인생이 조금 더 풍성해질 테니까.

우리는 언제 이 세상과 이별을 하게 될지 아무도 알 수 없다. 인생의 마지막 순간, 죽음이 눈앞에 닥쳐왔을 때 과연 우리가 이뤄낸 사회적 인정이나 연봉, 멋진 차, 명품 같은 것들을 생각하게 될까? 아니면 사랑하는 가족과 한 번이라도 더 눈을 맞추지 못했던 것, 함께 소풍을 가지 못한 것, 흩날리는 벚꽃나무 아래에서 서로를 눈에 담지 못한 것, 하얗게 부서지는 파도 앞에서 서로를 향해 사랑한다고 말하지 못했던 것, 일을 마치고 집으로 돌아와 "다녀왔습니다!" 인사하며 부모님을 꼬옥 안아주지 못했던 것, 사랑하는 사람에게 용서를 구하지 못한 것, 귀찮고 피곤하다는 이유로 나중과 다음을 약속했던 것, 그때 더 잘해줄 수도 있었는데 왜 그렇게 하지 못했을까 하고 후회하는 모습이 떠오르지 않을까.
삶의 모양은 셀 수 없이 다양하기에 그 어떤 것도 정답이라고 말할 수 없겠지만, 적어도 죽는 순간에는 사랑과 후회를 자연스럽게 떠올리게 되겠지.

이 글을 적는 지금, 내 연필의 길이는 얼마만큼 남아 있을까. 나의 흑심은 뭉툭한지, 세상의 인정을 받기 위해 뾰족해지려 열심히 연필만 깎고 있지는 않은지, 별것 아닌 일에 언성을 높이고 화를 내며 얼굴을 붉히고 있진 않았는지 돌아보게 된다. 어느 날 이 페이지를 읽고 있을 당신도 한 번쯤 자신의 연필이 얼마나 짧아져 있는지 생각해보면 좋겠다. 세상 바깥으로 튀어나온 흑심의 모양이 너무 뾰족해서 어딘가에 긁히며 상처받거나 누군가를 찌르고 있지 않는지. 삶의 더 많은 장면들을 기록하느라 흑심 끝이 둥글둥글 뭉툭해져 있는지를.

물처럼 부드럽지만 강단 있고 집념 있는 청년

지난여름, 삼척에 있는 독립서점에서 지역 주민들과 함께 사진 에세이를 만들었다. 첫 만남 때는 책방에 옹기종기 모여 앉아 자기소개를 했다. 어떻게 이 수업을 맡게 되었는지, 어쩌다가 독립출판을 하게 됐는지, 앞으로 함께할 시간을 어떤 것들로 채워갈 것인지. 인사를 마칠 때쯤엔 마음에 있는 말을 솔직하게 꺼냈다.

"제가 여러분들보다 조금 먼저 책을 출간하긴 했지만 저도 모르는 게 정말 많아요. 하지만 책을 쓰고 만들면서 실수했던 것과 그것을 통해 배운 것들은 모두 공유할 거예요. 부족한 점이 있어도 이해해주세요. 혹시라도 궁금한 게 생겨 질문해주셨는데 제가 모르는 부분이 있다면 공부를 하든 주위 사람들에게 묻든 어떻게든 알려드릴 수 있도록 할게요! 그러니 함께하는 시간 동안 즐겁고 재밌게 같이 책을 만들어보면 좋겠습니다."

처음 만나는 자리에서 나의 부족함을 드러내면 사람들의 신뢰를 잃을 수도 있지만, 모르는 것을 모른다고 말하면서 오히려 용기와 자신감이 생기는 모순을 경험했다.

12주라는 긴 여정 동안 수업에 참여한 모두가 저마다의 이름으로 책을 출간했다. 몇몇 분은 나에게 추천사를 부탁해왔다. 감사한 마음으로 편지를 쓰듯 정성을 담아 글을 전달했고, 끝까지 함께 수업에 참여해주신 분들 덕분에 인생 첫 추천사를 쓰는 영광도 누렸다.

그때 함께 책을 만들었던 작가님 중 한 분께 오랜만에 연락이 왔다. 작년 오늘이 우리가 삼척에서 처음 만난 날이었다고, 벌써 1년이라는 시간이 지났다면서. 5년 일기장을 쓰고 있는데, 작년 그날 일기장에 나에 대해 '물처럼 부드럽지만 강단 있고 집념 있는 청년'이라고 적어두었다고. 더운 날씨에 건강 조심하고 오늘의 행복을 찾으며 즐거운 여름을 지나길 바란다고. 늘 멀리서 응원하겠다는 말과 함께.

누군가에게 기억된다는 사실만으로도 기쁜 일인데, 응원까지 받으니 큰 힘이 되었다. 덕분에 행복해졌다고 답했다. 물처럼 부드럽지만, 강단 있고 집념 있는 청년이라는 말은 오래 잊을 수 없을 것이다. 기억해야지. 앞으로도 그렇게 살고 싶으니까.

____ 우리는

"만나야 할 사람은 언젠가 꼭 만나게 된다고 들었어요."•

그럼 우리는 이미
그 '언젠가'라는 미지의 시간을 넘어선 사람들.

• 영화 〈접속〉, 1997.

장마

오랜 기간 내리는 비처럼 우리도 오래 눈을 맞출까
때마다 찾아오는 마음 같은 것은 아닐까
누군가를 보기 위해서, 보고 싶어서

마음이 짙어지면
둘 중 한 사람은 꼭 다치게 되지

떠들썩하게 왔다가 조용히 사라지자
여름에 태어났다가 가을엔 사라지자

모두가 나를 잊을 때쯤
그렇게 다시 만나자

Fix you

2018년 어느 봄, 낯선 사람의 호의로 캐나다를 여행했다. 내 인생 처음으로 가장 길게 떠난 여행이었다. 돈을 아껴야겠다는 생각으로 로밍도 하지 않았다. 공항이든 카페든 숙소든, 그곳에 있는 와이파이를 쓰면 충분할 거라고 생각했으니까. 그러나 생각지도 못한 변수가 있었다. 와이파이가 없는 곳, 산책을 하거나 외출을 했을 때, 데이터 망에서 벗어나면 노래를 듣고 싶어도 데이터 연결이 끊겨 들을 수가 없었다. 그때 발견했던 방법이 있는데, 그건 바로 숙소에서 와이파이를 연결하고 오늘의 노래를 한 곡 정해서 스트리밍을 한 번 한 다음에 외출하는 것이었다. 그럼 집에서부터 멀어져 데이터 연결이 끊겨도 그 노래는 계속해서 들을 수가 있었다. 단, 노래가 끝나기 전에 시작하는 부분(0초)으로 플레이 바를 계속

옮겨줘야 했다. 4분짜리 노래라면 3분 57초쯤 일시정지를 하고 처음으로 다시 돌아가기.

그렇게 하루 종일 콜드플레이의 'Fix you'를 들었다. 콜드플레이의 음악은 어느 것 하나 빠짐없이 좋지만, 기댈 곳이 필요했던 그때의 나에게 'Fix you'는 깊은 위로를 주었다.

Lights will guide you home (빛이 널 집으로 인도하고)
and ignite your bones (따스하게 감싸줄 거야.)
and I will try and fix you (내가 널 낫게 해줄게.)

그래서일까. 캐나다를 생각하면 그 노래가 함께 떠오른다. 잘 다니던 회사를 관두고 갑작스레 결정한 휴학 기간 동안 나는 무언가를 배우거나 얻고 싶었다. 무의미하게 시간을 흘려보낼 수는 없다고 생각했으니까. 하지만 돌아보니 내가 계획했던 것에서부터 나는 한참 멀어져 있었고, 낯선 곳에서 혼자 이방인으로 지내며 두려움과 외로움도 점점 더 커져가고 있었다.

항상 스스로를 위해 살고 있다고 생각했지만, 생각해보니 나를 돌보며 살고 있지는 못했다는 것을 깨달았다. 누가 시키지 않아도 부모님의 안부와 건강을 챙겨야 했고(챙기고 싶었고, 그래야만 한다고 생각했다), 동생들의 마음도 살펴야했다(이 또한, 첫째로서 마땅히 해야 하는 일이라 생각했다. 그렇다고 힘이 든다고 생각해본 적은 없었지만).

그게 내가 생각하는 사랑이었다. 내 마음과 시간을 쓰는 것. 내가 가지고 있는 것들을 나누어도 좀처럼 줄어들지 않는 것.

'Fix you' 노랫말에는 시도하지 않으면 결코 진정한 가치를 알 수 없다는 문장이 있다. 그 문장이 반복될 때마다 가사를 곱씹으며 오직 스스로에게 도전할 기회를 주고 있다고 자기최면을 걸었다. 언제 어디서 얻게 될 지 알 수 없는, 진정한 가치를 발견할지도 모른다는 희망을 가진 채로.

그리고 그로부터 7년 뒤인 2025년. 콜드플레이의 내한공연에서 그 노래를 직접 들을 수 있었다. 언젠가의 내가 끊임없이 반복해 듣던 가사를, 목소리를, 음악을.

크리스 마틴은 우리에게 이곳에 와줘서, 함께해줘서 고맙다고, 만나서 반갑다고, 사랑한다고 외쳤다. 우리는 모두 아름다운 존재라며 공연 중간에는 손을 들고 전 세계로 사랑을 보내자고 했다. 가족이든 친구든, 어려움을 겪고 있는 나라든, 그 순간만큼은 모두가 한 마음이 되어 하늘 높이 손을 들고 보이지 않는 사랑을 보냈다. 세상에서 가장 크고 힘이 센 사랑을 멀리 멀리 보냈다. 우리들의 사랑은 어딘가에 무사히 잘 도착했을까.

잔잔한 평화와 사랑의 메시지로 전하는 선한 영향력을 느껴보니 더할 나위 없이 완전한 하루가 되었다. 그리고 그날 나는 속으로 생각했다. 사랑은 세상에서 가장 크고 강하다는 것을 잊지 말고, 기억하며 살자고.

ESC 탈출

"여러분, 지금 떠 있는 화면에서 나가려면 키보드 맨 왼쪽 위에 있는 'ESC'키 있잖아요. 그걸 누르시면 돼요. ESC는 나가다, 떠나다, 탈출하다의 의미를 가지고 있는 'ESCAPE'의 약자거든요. 한 번 눌러보세요."

선생님의 말을 듣는 순간 얼굴이 빨갛게 달아오르며 헛웃음이 나왔다. 신기하고 부끄러운 마음이 동시에 들었다. 하루에도 수십 수백 번 누르는 그 버튼의 의미도 모르고 사용해왔다고? 나는 왜 그동안 ESC가 무슨 뜻인지 생각해본 적이 없었을까? 누군가 내게 가르쳐준 적도 없었고, 키보드를 누를 줄만 알았지 그 버튼에 부여된 의미가 무엇인지 알고자 했던 적도 없던 내가 실망스럽기까지 했다. 너무나 자연스럽게 해왔던 행위에 대한 정의를 알게 되니 묘한 해방감이 들었다. 그리고 무척 대단한 것을 손에 쥔 것처럼 그 수업시간 내내 두근거렸다.

점심시간이 되자마자 엄마에게 전화를 걸었다. "엄마, 주말 잘 보내고 계시죠? 오늘 수업을 듣는데 신기한 사실을 하나 알게 됐어요. 컴퓨터 키보드 맨 왼쪽 위에 있는 'ESC' 키 있잖아요. 그게 무슨 뜻인지 알아요? ESCAPE래요. '나가다, 탈출하다'란 의미의 단어요. 엄마도 몰랐죠?" 엄마는 크게 동요하지 않으셨다. 음, 그렇구나. 기대한 반응은 아니었지만 나는 새로운 비밀을 알게 된 사람처럼 신나서 사람들을 만날 때마다 물어봤다.
"ESC키가 무슨 단어의 약자인지 아세요?"
"나는 이제 그 버튼을 누를 때마다 자꾸만 탈출하는 기분이 들어!"
단축키의 기능은 알아도, 정확한 의미를 알고 있는 사람은 아무도 없었다. 나만큼 그 의미를 재미있고 새롭게 받아들이는 사람도 없었다.

그날 이후 엉뚱하게도 나만의 'ESC' 키를 만들고 싶다는 마음이 생겼다. 우울하고 힘든 상황이 나를 덮칠 때, 게으르고 피곤한 마음이 나를 지배하려고 할 때 그곳에서 탈출할 수 있는 나만의 ESC 키를. '조금만 더 잘까, 진짜 딱 5분만 더 누워 있다가 일어나자… 이불 빨래는 언제 돌리지? 방 청소도 해야 하는데…' 그럴 때면 해리포터가 주문을 외듯 소리 내어 외쳤다. "ESC 탈출!"

그 주문을 쓸 때마다 마법이 일어나진 않았지만, 스스로를 구할 수 있는 만능 키를 가진 사람이 된 것 같아 자주 기뻤다. 일상에 저마다의 ESC 키를 마련해두고 필요할 때마다 그 버튼을 누르는 사람들이 더 많아지기를 바라기도 했다. 누군가 반복되는 일상 속에서 지루함을 느끼고 있다면, 그곳에서부터 탈출할 수 있게 마법을 부려보고도 싶었다. 결국 마법을 부리는 데는 실패했지만 이 글을 읽은 누군가가 자신만의 탈출키를 만든다면 좋겠다.

월동

새들이 날아가는 방향을 보고 있으면 가을이 지나가고 있다는 걸 깨닫게 돼. 무엇을 이루거나 해내야지만 행복해질 수 있다고 믿으면 나머지 시간에는 자주 불행을 떠올리게 되고. 그러니 평범한 일상 속에 숨어 있는 기쁨을 발견하자. 작다고 생각했던 것들이 결코 작지 않음을 알게 되는 순간, 우리는 한 뼘 성장해. 겨울이 오고 있어. 우리 하얀 마음을 준비해두자.

빛 가까이에서

누가 행복의 정의를 물으면 이렇게 답하겠습니다.
행복은 사랑과 많이 닮아 있어요. 자꾸만 생각나고 피식 웃음이 새어나오는 거 아닐까요. 바라만 보고 있어도 그냥 좋은 거 아닐까요. 보고 있어도 보고 싶다는 생각이 드는 거 아닐까요. 반복되는 일상 속에서 작은 차이를 발견하려고 노력하는 거 아닐까요. 안부를 묻고 그 기운을 전해주는 거 아닐까요. 잘해낼 거라는 사실을 알고 있으면서도 계속해서 응원해주고 싶은 거 아닐까요.

이렇게 말하면 어떤 이들은 자신의 불안을 타인에게 투영하기도 합니다. 당신도 나와 다를 것 없잖아, 라고 확신하면서 말이죠.

자신의 경험으로 얻은 하나의 답이 타인의 세계에서도 똑같이 적용될 거라고 믿는 사람들이 있습니다. 어떻게 해서든 불행을 선택하는 사람들, 불행해지려고 애쓰는 사람들이요. 눈앞에 행복이 있어도 보이지 않는 것처럼 무시해버리고 마는 사람들.

근묵자흑이라고 하지요. 나는 그런 사람들 가까이에 있지 않을 겁니다. 밝은 빛이 있는 쪽으로 서겠습니다. 내 가까이에 빛나는 사람들이 많기를 바라면서요. 나 스스로도 빛나는 사람이 되기를 바라면서요.

다시 피어날 꽃

매일 지나는 출근길에 꽃이 피어 있다. 정체 모를 꽃의 이름이 궁금해졌다. 어제보다 더 활짝 피었구나, 어제보다 오늘 더 진해졌구나 혼잣말을 하며 걸음을 멈추고 이리저리 살펴보다가 생각했다.

시간이 흐르면 모두 다 사라지겠지.
하지만 그보다 더 많은 시간이 흐르면 져버린 꽃도 다시 피어난다는 사실을 이제는 안다.

지고 다시 또 피어나도 아름다울 것이다.
그러니 피어 있는 내내 아름다운 것이다.

매일 아름답기를

바라보고만 있어도 기쁨과 슬픔이 동시에 느껴지는 장면이 있다. 아름다워서. 너무 아름다워서, 아직 오지 않은 마지막 순간을 떠올리게 되는 장면들. 나는 그 순간들을 깊게 더 깊게 사랑하려 한다. 화단에 가득 피어난 할머니의 분홍빛 작품들. 매일 피고 지는 꽃, 그러나 다시 피어나는 꽃 일일초처럼 나도 할머니도, 할아버지도 꽃처럼 매일매일 피었다 지며 아름답기를. 오래오래 아름답기를.

에필로그

지나가면 다시는 돌아오지 않는 순간들.

글을 쓰는 내내 사랑에 대해 생각했다. 도대체 사랑은 무엇이기에 자꾸만 주고 싶고 또 받고 싶은가에 대하여. 사랑하는 사람들의 뒤에 서서 나중과 다음을 함께 꿈꾸며 '꼭'이라는 간절한 단어와 함께 새끼손가락을 거는 우리들. 오지 않았으면 하는 마지막 순간을 어쩔 수 없이 떠올리면서. 소중한 시간들을, 삶의 파편들을 차곡차곡 모아두었다.

글을 쓰는 동안 깨달았다. 이렇게 모아둔 것들이 짤막한 문장이 되어 세상의 빛을 보는구나. 사랑에 대해 이야기할 수밖에 없구나. 나는 이 삶을 사랑하는구나.

스위스 몽트뢰에서 마주친 할아버지가
내게 건넨 한마디.

Life is short.
Enjoy it.

우리
밝은 쪽으로
걷자

초판 1쇄 인쇄 2025년 12월 4일
초판 1쇄 발행 2025년 12월 15일

지은이 윤두열

펴낸이 한나비
편　집 한나비
마케팅 신희용
펴낸곳 일레븐
출판등록 2024년 2월 1일 제2024-000020호
이메일 11@11books.kr

ISBN 979-11-993277-0-2 (03810)

- 이 책은 저작권법에 의해 보호를 받는 저작물이므로 책 내용의 전부 또는 일부를 재사용하려면 반드시 저작권자와 출판사 양측의 동의를 받아야 합니다.
- 잘못된 책은 구입하신 서점에서 교환해드립니다.